능력과 가치를
높이고 싶다면
된다!

글쓰기, 영어 공부, 유튜브, 이미지 생성도 된다!
업무부터 **자기 계발**까지 **활용 범위 넓히기**

하루 만에 끝내는

된다! 챗GPT 활용법

인공지능에게 일 시키고 시간 버는 법

인공지능 전문 유튜버 '프롬프트 크리에이터' 지음

최신 버전
GPT-4o
반영!

동영상 강의
무료 제공!

이지스 퍼블리싱

능력과 가치를 높이고 싶다면
된다! 시리즈를 만나 보세요.
당신이 성장하도록 돕겠습니다.

인공지능에게 일 시키고 시간 버는 법

된다! 하루 만에 끝내는 챗GPT 활용법 — 전면 개정 2판
Gotcha! How to use ChatGPT That Ends in a Day

개정 2판 발행 • 2024년 7월 29일
개정 2판 6쇄 • 2025년 1월 21일

개정판 4쇄 • 2024년 6월 24일
초판 2쇄 • 2023년 7월 14일
초판 발행 • 2023년 6월 14일

지은이 • 프롬프트 크리에이터
펴낸이 • 이지연
펴낸곳 • 이지스퍼블리싱(주)
출판사 등록번호 • 제313-2010-123호
주소 • 서울특별시 마포구 잔다리로 109 이지스빌딩 3층(우편번호 04003)
대표전화 • 02-325-1722 | **팩스** • 02-326-1723
홈페이지 • www.easyspub.co.kr | **인스타그램** • instagram.com/easyspub_it
Do it! 스터디룸 카페 • cafe.naver.com/doitstudyroom | **페이스북** • www.facebook.com/easyspub

기획 및 편집진행 • 최윤미, 이수진, 임승빈, 이수경 | **기획편집 1팀** • 임승빈, 이수경, 지수민
교정교열 • 박명희 | **표지 및 본문 디자인** • 트인글터 | **인쇄** • 명지북프린팅 | **마케팅** • 권정하
독자지원 • 박애림, 김수경 | **영업 및 교재 문의** • 이주동, 김요한(support@easyspub.co.kr)

ISBN 979-11-6303-623-4 13000
가격 17,200원

이 책으로 새로운 기회를 잡으세요!
오늘 바로 챗GPT와 놀 수 있는 사람이 됩니다!

2023년 6월 《된다! 하루 만에 끝내는 챗GPT 활용법》 초판에 이어 곧바로 2024년 1월 개정판을 발행했습니다. 너무나 감사하게도 또 6개월 만에 개정 2판을 출간하게 되었습니다. 시간이 빠르게 흐르는 만큼 AI도 성큼 발전하고 있습니다. 초판을 집필할 때 예상했듯이 AI는 이제 확실한 메가 트렌드가 되었고, 독자 여러분께 더 유용한 정보를 전달해야 한다는 책임감에 발 빠르게 움직였습니다.

이번 개정 2판에서 바뀐 9가지를 소개하겠습니다.
첫째, 무료 챗GPT의 플래그십 모델이 GPT-4o(omni, 옴니) 버전으로 바뀌면서 **기존의 챗GPT 답변을 업그레이드**했습니다. GPT-3.5 버전보다 훨씬 유창해진 AI의 답변을 받아 볼 수 있죠. 실제로 사용하기 좋은 프롬프트 예시를 템플릿화해서 이해하기 쉽게 구성했습니다.
둘째, 챗GPT를 사용하는 여러분의 시간을 아껴 줄 확장 프로그램인 **텍스트 블레이즈**의 활용법을 추가했습니다. 단축어만으로 프롬프트를 불러올 수 있고, 제가 만든 프롬프트도 그대로 편리하게 사용할 수 있습니다.
셋째, 새로 도입된 **챗GPT 팀 요금제** 내용을 추가했습니다. 소규모 조직에서 활용할 수 있는 팀 요금제 도입으로 생긴 변화와 장점을 정리해 두었습니다.
넷째, **무료 이용자도 GPT 챗봇을 사용**할 수 있게 되면서, 추천할 만한 유용한 챗봇을 추가했습니다. 그리고 제가 만든 프롬프트를 학습한 GPT 챗봇을 여러분도 사용할 수 있도록 수록해 두었습니다. 질문을 하면 프롬프트 방법론을 답해 주는 GPT 챗봇을 만나 볼 수 있습니다.
다섯째, 파일을 첨부해서 내용을 요약하거나 이미지 속 정보를 검색하는 방법을 담았습니다. 이제 프롬프트에는 별 다른 내용 없이 '요약해 줘', '무슨 내용인지 알려 줘'만 입력해도 되죠.
여섯째, 프롬프트를 입력하거나 원하는 스타일의 그림을 첨부해서 **이미지를 생성하는 방법**을 담았습니다. 코파일럿 디자이너를 활용한 이미지 생성 방법도 살펴볼 수 있습니다.
일곱째, **프롬프트 엔지니어링 패턴 2가지**를 추가해서 총 11가지로 정리했습니다.
여덟째, **수익화 및 저작권 관련 내용**을 보강했습니다.
마지막으로, AI의 발전에 따른 미래의 변화와 세계가 AI를 바라보는 인사이트를 담았습니다.

이처럼 이번 개정판은 책의 거의 모든 내용이 바뀌었습니다. 오픈AI의 새로운 모델인 GPT-4o의 등장으로 AI는 사실 우리 생활에 밀착되었습니다. 책의 내용도 당연히 그에 맞춰서 발전해야 했기에, 기존 독자 여러분도 더욱 풍부해진 GPT-4o의 성능에 감탄이 절로 나올 것입니다. 새롭게 바뀐 챗GPT를 다시 한번 하루 만에 끝내러 출발해 보겠습니다!

인공지능 전문 유튜버 **프롬프트 크리에이터** 드림

"실제 업무에 바로 활용할 수 있을 정도로 구체적이에요!"

챗GPT에 빠르고 쉽게 입문할 수 있도록 도와주는 책!

이 책은 저자만의 간단하지만 효율적인 프롬프트를 담고 있습니다. 책 속의 다양한 예제로 빠르고 쉽게 챗GPT와 친해질 수 있습니다. 또한 입문자도 일상에서 챗GPT를 바로 쓸 수 있도록 새로운 도구인 텍스트 블레이즈(Text Blaze)를 활용하여 프롬프트를 자동화하는 방법까지 알려 줍니다. AI를 활용하여 생산성과 효율성을 높이고 싶은 모든 분께 유용한 안내서가 될 것입니다.

• 딜런(Dylan)_텍스트 블레이즈 커뮤니티 책임자

놀라울 정도로 쉽게 설명합니다!

이 책은 챗GPT와 친해질 수 있는 방법을 놀라울 정도로 쉽게 설명합니다. 아직까지 인공지능과 대화하는 것이 낯설고 두려운 분들께 마치 오래된 친구가 알려주는 것처럼 편안하게 주요 내용을 빠짐없이 챙겨줍니다. '글쓰기부터 수익 내기'까지 다양한 챗GPT 활용법을 빠르게 알고 싶으신 분들께 추천합니다. 지금이라도 늦지 않았습니다! 이 책으로 챗GPT와 더욱 친해져서 우리 주변에 성큼 다가온 AI 시대의 새로운 기회를 놓치지 않으시길 바랍니다.

• 김윤경_팬덤퍼널 CEO

챗GPT라는 막연한 두려움을 물리칠 수 있어요!

초보자를 위한 친절한 설명이 눈에 띄는 책입니다. 생소한 기술 용어도 자세히 설명해 주고, 실제 프롬프트 양식까지 제공해 줍니다. 또한 생성 AI를 실제로 진행해 보는 실습이 있어서 유용합니다. 챗GPT라는 막연한 두려움을 물리치는 데 큰 도움이 될 것입니다.

• 남상완_동서대학교 경영학과 교수

인공지능과 함께 살아가야 할 모두에게 추천합니다!

이 책을 따라 실습하면서 얼기설기 알았던 챗GPT를 한층 더 깊이 이해할 수 있었습니다. 챗GPT를 처음 사용하는 사람에게 추천할 수 있을 정도로 저자의 친절한 설명이 눈에 띄었습니다. 또한 실무에서 활용할 수 있는 내용은 실제 업무에 바로 활용할 수 있을 정도로 구체적이고 실용적이었습니다. 이 책을 편집하면서 챗GPT를 활용해 업무 시간을 줄일 수 있었습니다. 챗GPT에 입문하려는 모두에게 추천합니다!

• 이 책의 담당 편집자 일동

챗GPT 하루 정복 계획표

이 계획표를 따라 하면 생성형 AI가 생소했던 일반인 누구라도 챗GPT에 하루 만에 입문할 수 있어요! 이 책과 함께 지금 시작해 보세요.

1교시	챗GPT 이해하기	1장
2교시	기본기 익히고 확장 프로그램 설치하기	2장
3교시	글쓰기에 활용하기	3장
4교시	오피스 실무, 마케팅, 코딩에 활용하기	4장
5교시	이미지 생성 AI 알아보기	5장
6교시	공부, 건강 정보 등 일상에 써먹기	6장
7교시	챗GPT로 수익 내는 방법 살펴보기	7장
8교시	프롬프트 엔지니어링 패턴 응용해 보기	8장

• 9장의 Q&A는 필요할 때 찾아 읽어도 괜찮아요!

첫째마당

챗GPT와 친해지기

05 이미지 생성 AI로 그림 그리기

06 일상생활에서 만나는 챗GPT

07 챗GPT로 돈 버는 법

셋째마당

챗GPT 정복까지
한 걸음 더!

08 자주 쓰는 프롬프트 엔지니어링 패턴 11가지

09 챗GPT가 궁금해요 Q & A

이 책의 독자들을 위한 혜택 3가지!

하나. 책+무료 강의! 저자의 유튜브 강의는 계속된다!

유튜브에서 '프롬프트 크리에이터'를 검색하세요. 이 책과 함께 보면 유용한 저자 북토크와 챗GPT를 비롯한 인공지능(AI) 관련 최신 정보 영상을 다양하게 만나 볼 수 있습니다.

▶ 유튜브 주소: youtube.com/@promptcreator

둘. 프롬프트 양식 71가지 무료 제공!

이지스퍼블리싱 홈페이지 [자료실]에서 실습 프롬프트 양식 파일을 내려받을 수 있습니다. 책에서 사용한 프롬프트는 직접 작성해도 되지만, 복사해 바로 사용할 수 있도록 파일로 제공해 드립니다.

- 홈페이지 주소: http://www.easyspub.co.kr
  → 자료실 → 도서명으로 검색

셋. 텍스트 블레이즈 프로 버전 한 달 무료 제공!

〈스페셜 02〉에서 소개하는 텍스트 블레이즈의 프로 버전을 한 달 간 무료로 사용할 수 있는 설치 링크를 제공합니다. 텍스트 블레이즈는 프롬프트 템플릿을 언제 어디서든 쓸 수 있도록 단축어를 제공하는 확장 프로그램으로, 크롬에서 간단하게 설치해서 사용할 수 있습니다.

▶ 링크는 94쪽의 〈스페셜 02〉에서 확인할 수 있습니다.

이지스퍼블리싱 플랫폼에 방문하세요!

하나. 책을 통해 만나요! <Do it! 스터디룸>에서 공부하면 책 한 권을 선물로!

함께 성장하는 멋진 사람들이 모인 공간! 'Do it! 스터디룸'에 방문하고 공부단에 참여해 보세요. 완독을 인증하면 이지스퍼블리싱의 책 한 권을 선물로 드려요!

- 카페 주소: cafe.naver.com/doitstudyroom

둘. 이지스퍼블리싱 인스타그램을 팔로우하세요!

이지스퍼블리싱 공식 인스타그램 계정에서 다양한 소식과 이벤트를 만나 볼 수 있습니다. 이지스퍼블리싱 계정을 팔로우하고 서평 이벤트, 스터디 등 각종 이벤트에 참여할 수 있는 기회를 놓치지 마세요!

- 인스타그램 주소: Instagram.com/easyspub_it

온라인 독자 설문 — 의견도 보내고 선물도 받고!

오른쪽 QR코드를 스캔하여 이 책에 대한 의견을 보내 주세요. 독자 여러분의 칭찬과 격려는 큰 힘이 됩니다. 더 좋은 책을 만들도록 노력하겠습니다.
의견을 남겨 주신 분께 드리는 혜택 6가지!

❶ 추첨을 통해 소정의 선물 증정　　❷ 이 책의 업데이트 정보 및 개정 안내
❸ 저자가 보내는 새로운 소식　　❹ 출간될 도서의 베타테스트 참여 기회
❺ 출판사 이벤트 소식　　❻ 이지스 소식지 구독 기회

첫째마당

챗GPT와
친해지기

챗GPT! 갑자기 혜성처럼 나타난 이 서비스가 사람들에게 회자되기 시작한 지 벌써 2년이 흘렀습니다. 그 시간 동안 새로운 기회를 찾아 도전하는 분들도 있고, 여전히 챗GPT가 어떤 것인지 잘 몰라 당황스러워하는 분들도 있었습니다. 누군가는 빠르게 이 분야를 배워가고 있고, 다른 누군가는 여전히 조심스럽게 대하고 있죠. 하지만 모두 공통으로 인정하는 것이 있습니다. 챗GPT를 시작으로 앞으로 세상이 크게 변할 것이라는 것이에요!

그렇다면 도대체 챗GPT가 무엇이길래 이토록 많은 사람들의 관심이 식지 않고 유지되는 걸까요? 궁금증을 해결하기 위해 첫째마당에서는 챗GPT란 무엇인지, 그리고 어떻게 시작하면 되는지 알려 드립니다. 처음 만나는 인공지능이라면 낯설고 두려울 수 있습니다. 하지만 챗GPT는 남녀노소 누구나 쉽게 사용할 수 있습니다. 이제 첫발을 함께 내딛어 봅시다.

01

챗GPT 시작하기

챗GPT는 대체 어떤 녀석인지, 그리고 어떻게 가입하고 시작할 수 있는지 01장
에서 소개합니다. 또한 앞으로 자주 사용할 용어를 설명하면서 전반적인 이해 정
도를 맞추고, 챗GPT를 사용하는 방법부터 실무에 활용하기 전에 알아야 하는
기초 지식까지 쌓아 드리겠습니다. 차근차근 따라와 주세요.

01-1

도대체 챗GPT가 뭐예요?

챗GPT(ChatGPT)를 본격적으로 시작하기에 앞서 이 책에서 자주 만날 용어와 챗GPT 란 무엇인지부터 알아보겠습니다.

챗GPT란?

챗GPT의 기본 정의는 이렇습니다.

> '챗GPT'란 오픈AI에서 개발한 고급 언어 모델로,
> GPT 아키텍처를 기반으로 하며 질문-대답하는 방식으로 대화하는 서비스입니다.

이 문장만으로 챗GPT를 이해했다면 바로 실전 활용 편으로 넘어가도 됩니다. 하지만 대부분 제가 처음 경험할 때와 비슷한 생각을 했을 것입니다.

"그래서 챗GPT가 도대체 뭐하는 거야? 오픈AI는 또 뭐고, GPT와 챗GPT는 어떻게 다르지?"

당연히 그럴 수밖에 없습니다. 평소에 쓰지 않는 처음 보는 용어들일 테니까요. 심지어 영어이기도 하고요. 기술적인 내용을 이야기하니 알아듣기도 어렵습니다. 이렇게 낯선 용어 투성인데 챗GPT를 앞으로 잘 사용할 수 있을까 싶죠. 그래서 좀 더 쉽게 풀어서 설명하려고 합니다.

가장 먼저 챗GPT가 뭔지 알아봐야겠죠? 챗GPT란 일종의 제품명입니다. 네이버 스마트스토어나 쿠팡, 아마존에서 [쇼핑]을 누르면 수많은 상품을 볼 수 있습니다. 챗GPT도 그중 하나라고 보면 됩니다. 만약 네이버 스마트스토어에서 AI 상품을 판매한다면 화면에 다음처럼 보일 것입니다.

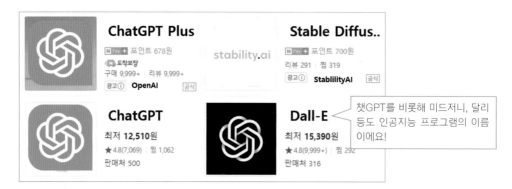

챗GPT를 비롯해 미드저니, 달리 등도 인공지능 프로그램의 이름이에요!

챗GPT는 말 그대로 **챗**(Chat)**과 GPT**의 합성어입니다. Chat은 '채팅하다'를 뜻하고, GPT는 generative pre-trained transformer의 줄임말로 직역하면 '생성을 위해서 미리 훈련된 변환기'라는 뜻인데요. 인공지능을 활용하기 위한 언어 모델로, GPT-3, GPT-3.5, GPT-4, 그리고 GPT-4o의 순서로 출시되었습니다. 버전이 높아지면서 기능 역시 업그레이드된다고 생각하면 됩니다.

하지만 이마저도 너무 공학적으로 표현해서 이해하기 어렵죠? 쉽게 말해 글자나 그림, 음악 등을 만들어 낼 때 필요한 정보를 프로그램에게 미리 배우게 한다는 것입니다. 결국 챗GPT라는 제품은 **대화할 때 필요한 정보를 미리 학습한 프로그램**이라고 정리할 수 있습니다.

챗GPT가 유명해진 지는 약 2년이 되었지만, 챗GPT가 반향을 일으킬 것이라 예상하기 시작한 건 2020년부터였습니다. 그 해 GPT-3가 출시되면서 단순한 질문에 답변을 하는 모습을 보여 줬죠. 그리고 2022년 말 GPT-3.5가 나와 복합적인 대화를 할 수 있는 모델이 되면서 전 세계의 주목을 받았습니다. 더불어 2023년에는 GPT-4로 업데이트되면서 더욱 정교한 언어 이해 및 생성 능력을 보여 줬습니다. 그리고 2024년 5월 GPT-4o(omni, 옴니)가 등장하여 더욱 강력한 데이터 분석 능력과 이미지 생성 능력을 갖추고 실시간 정보까지 처리할 수 있게 되었습니다.

챗GPT는 이제 단순한 채팅 도구를 넘어 다양한 분야에서 활용할 수 있는 도구로 자리매김하고 있습니다.

챗GPT를 만든 회사, 오픈AI

오픈AI(OpenAI)라는 단어는 뭘까요? 오픈AI는 앞서 설명한 챗GPT라는 제품을 개발한 회사 이름입니다. 그럼 앞으로 자주 이야기할 챗GPT와 오픈AI의 관계를 한 문장으로 다음과 같이 요약할 수 있겠네요!

'챗GPT'는 대화할 때 필요한 정보를 미리 학습한 프로그램이고, 오픈AI가 만들었다!

챗GPT가 대화하는 방법, 프롬프트

챗GPT를 사용하려면 프롬프트를 잘 알아야 합니다. 프롬프트라는 단어가 다소 생소하죠? 프롬프트(prompt)는 컴퓨터 공학 용어인데 한마디로 다음처럼 정의할 수 있습니다.

사용자가 입력하기를 기다리고 있다는 것을 화면에 표현한 메시지 또는 기호

하지만 챗GPT와 같은 인공지능 서비스에서는 앞에서 정의한 프롬프트의 일반적인 뜻과는 다르게 사용한답니다. 인공지능에서 사용하는 프롬프트는 다음을 뜻합니다.

인공지능에게 명령이나 지시를 내리는 입력값

하지만 이 말도 어려우니 쉬운 예를 들어 보겠습니다. 우리는 누군가와 약속할 때 "내일 오전 10시에 학교 앞에서 만날 수 있어?"라고 묻습니다. 이걸 AI에게 적어 준다면 바로 프롬프트가 됩니다. 다시 말해 챗GPT에게 '내일 오전 10시에 학교 앞에서 만날 수 있어?'라는 문장을 입력하는 것이 바로 프롬프트입니다.

다음 01-2절에서는 챗GPT에 가입하는 방법을 알아보고 메인 화면을 살펴보겠습니다.

요약 정리! 🖊

용어	설명
챗GPT(ChatGPT)	언어를 생성하는 대화형 인공지능 프로그램
오픈AI(OpenAI)	챗GPT를 개발한 회사 이름
프롬프트(prompt)	인공지능에게 명령하거나 작업을 지시하는 메시지

01-2

챗GPT 가입하고 시작하기

챗GPT는 크롬 브라우저에서!

챗GPT를 본격적으로 시작하기 전에 먼저 해야 할 작업이 있는데 바로 웹 브라우저를 크롬(Chrome)으로 실행하는 것입니다. 사실 꼭 크롬이 아니더라도 마이크로소프트의 엣지(Edge), 파이어폭스(Firefox), 사파리(Safari) 등 모든 브라우저에서 챗GPT를 사용할 수 있습니다. 하지만 크롬에서는 챗GPT의 영어 대답을 한글로 자동 번역해 주는 등의 확장 프로그램을 이용해 더 편리하게 쓸 수 있습니다. 아직 크롬 브라우저가 없다면 다음 링크에서 내려받아 설치하세요.

크롬

> • 크롬 웹 브라우저 설치 링크: google.co.kr/intl/ko/chrome

하면 된다! ⟩ 크롬에서 챗GPT 시작하기

01. 크롬을 실행해 구글 검색 화면이 출력되면 ❶ ChatGPT 또는 챗GPT를 입력합니다. ❷ 검색 결과가 나타나면 [ChatGPT − OpenAI]를 클릭합니다. 챗GPT 홈페이지(chat.openai.com)에 직접 접속해도 됩니다.

02. 챗GPT를 소개하는 화면이 출력되면 [Start now]를 클릭해서 바로 챗GPT에 접속합니다.

03. 지금 보이는 화면은 회원 가입을 하지 않았을 때 나타나는 화면인데요. 챗GPT는 회원 가입을 하지 않고도 대화를 할 수 있지만, 대화를 해도 대화 내역이 남지 않고 최신 모델을 사용할 수 없기 때문에 회원 가입을 하는 것을 추천합니다.

회원 가입하지 않아도 챗GPT를 이용할 수 있습니다.

04. 왼쪽 하단에 있는 [회원 가입]을 클릭하면 다음과 같은 화면이 출력됩니다.

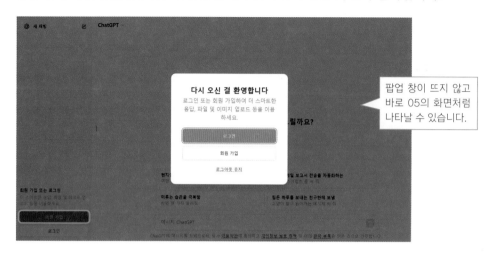

> 팝업 창이 뜨지 않고
> 바로 05의 화면처럼
> 나타날 수 있습니다.

05. 챗GPT는 ❶ 구글 / 마이크로소프트 / 애플 계정이 있다면 클릭 몇 번으로 손쉽게 가입 및 로그인할 수 있습니다. ❷ 그 외의 이메일을 입력해 진행할 수도 있습니다. 다른 이메일을 입력해서 회원 가입하려면 이메일 주소와 비밀번호를 입력합니다. 사용하는 이메일 계정에 따라 확인 이메일 또는 전화번호 인증 등을 보내니, 절차를 따라 진행하면 됩니다. ❸ 인증을 완료하고 자신의 활동명과 생년월일을 입력하면 회원 가입 완료입니다.

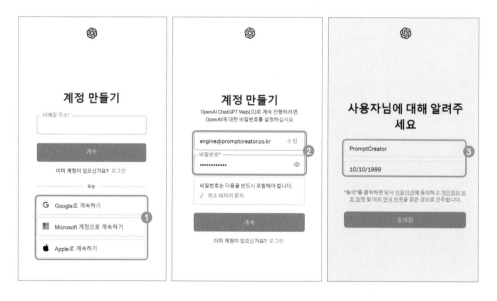

06. 회원 가입이 끝나면 챗GPT를 사용할 수 있는 [시작 팁]을 볼 수 있습니다. [이제 시작하죠]를 클릭하면 챗GPT를 활용할 수 있습니다.

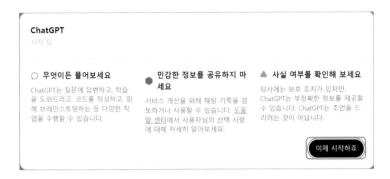

하면 된다! ▷ 챗GPT 탈퇴하기

01. ❶ 오른쪽 상단에 있는 내 계정 아이콘을 클릭하고 ❷ [설정]을 누릅니다. ❸ 설정 창이 나타나면 [데이터 제어] 탭에서 ❹ [계정 삭제하기]의 [삭제]를 클릭하세요.

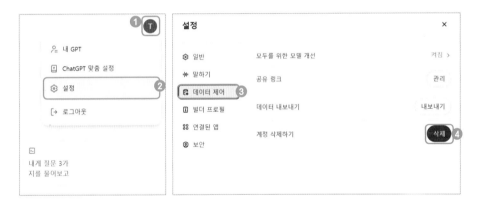

02. ❶ 가입한 이메일 계정을 입력하고 ❷ 그 아래 입력란에 DELETE를 입력합니다.

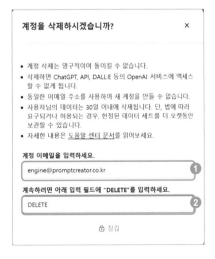

03. [내 계정을 영구 삭제하기]가 빨간색으로 활성화되면 클릭해서 계정을 삭제할 수 있습니다.

본격 사용자를 위한 챗GPT 플러스(유료 버전)

월 20달러 구독형 유료 버전 '챗GPT 플러스'는 GPT-4o를 사용합니다. 무료 버전에서도 GPT-4o를 사용할 수 있지만, 사용량에 제한이 있습니다. 챗GPT를 많이 사용한다면 챗GPT 플러스 요금제를 사용하는 것이 좋아요.

플러스 요금제는 최신 정보를 검색하고 추가 기능을 이용하는 데 훨씬 유리합니다. 늘어난 대화량도 큰 장점이죠. 또한 플래그십 모델인 GPT-4o를 더 많이 사용할 수 있는데, GPT-4o는 강력한 데이터 분석 능력과 이미지 생성 능력은 물론, 실시간 정보 처리 기능까지 갖추고 있습니다.

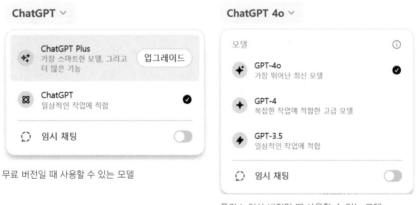

무료 버전일 때 사용할 수 있는 모델

플러스 이상 버전일 때 사용할 수 있는 모델

무료 버전으로 실습해 본 후 생산성이나 편의성을 고려해 챗GPT를 좀 더 적극적으로 사용하고 싶다면 유료 버전을 사용해 보세요.

하면 된다! } 챗GPT 플러스 구독 및 해지하기

01. 챗GPT 플러스 구독하기

❶ 챗GPT 메인 화면의 왼쪽 하단에서 [플랜 업그레이드]를 클릭합니다. ❷ 팝업 창이 나타나면 [Plus로 업그레이드]를 클릭하고 ❸ 신용카드 정보를 입력합니다. 결제가 되면 챗GPT 플러스를 바로 사용할 수 있습니다.

구독이 정상으로 완료되면 메인 화면에서 대화 모델을 GPT-3.5와 GPT-4, 플러그인 중에 선택할 수 있습니다. 결제 정보는 한번 입력하면 매달 자동으로 결제됩니다.

02. 챗GPT 플러스 구독 해지하기

챗GPT 플러스를 더 이상 사용하지 않는다면 구독을 직접 해지해야 합니다. ❶ 챗GPT 메인 화면의 왼쪽 하단에서 [Team 워크스페이스 추가]를 클릭하고 ❷ 플랜 업그레이드 창에서 [내 구독을 관리하세요]를 클릭합니다.

03. 결제 설정에서 [플랜 취소]를 클릭하면 챗GPT 플러스 구독이 해지됩니다.

소규모 팀을 위한 챗GPT 팀 요금제

챗GPT 팀(Team) 요금제는 소규모 팀이 협업하여 인공지능의 혜택을 최대한 활용할 수 있도록 설계되었습니다. 이 요금제는 팀 단위로 인공지능 서비스를 이용할 수 있는 다양한 기능을 제공하여 팀 구성원 간의 원활한 협업을 돕고, 팀원들이 함께 작업할 수 있도록 여러 유용한 도구와 기능을 포함하여 작업을 보다 효율적으로 수행할 수 있도록 합니다.

기능	설명
팀 기반 협업 도구 제공	팀원 간의 프로젝트 공유 및 협업을 위한 도구가 제공됩니다. 실시간으로 문서와 프롬프트를 공유하고 공동 작업할 수 있습니다.
확장된 사용량과 우선 지원	챗GPT 플러스에 비해 확장된 사용량을 제공하여 더 많은 작업을 수행할 수 있습니다. 우선 지원 서비스가 포함되어 있어 기술 지원이 필요할 때 신속한 도움을 받을 수 있습니다.
관리자 콘솔 제공	팀 관리자가 팀원들의 사용량을 모니터링하고 관리할 수 있는 관리자 콘솔이 제공됩니다. 팀원 추가 및 제거, 사용량 보고서 확인 등의 관리 기능을 지원합니다.
보안 및 데이터 보호	팀 단위로 강화된 보안 및 데이터 보호 기능을 제공해 안전하게 인공지능 서비스를 이용할 수 있습니다. 각 팀의 데이터는 철저하게 보호되며, 필요한 경우 백업 및 복원 기능을 사용할 수 있습니다.

하면 된다! ⟩ 챗GPT 팀 요금제 가입하고 해지하기

팀 관리자는 다음의 절차를 따라 팀을 구성하고 챗GPT 팀 요금제를 신청할 수 있습니다.

01. 챗GPT 팀 요금제 가입하기

챗GPT 메인 화면의 왼쪽 하단에서 [플랜 업그레이드 → Team으로 업그레이드]를 선택합니다.

02. 팝업 창이 나타나면 팀 정보와 결제 정보를 차례대로 입력합니다.

관리자 콘솔에서 팀원 초대를 진행합니다. 초대 링크를 통해 팀원들이 가입하면 팀에 추가됩니다. 관리자 콘솔을 통해 팀원들의 사용량을 모니터링하고 필요에 따라 설정을 조정합니다. 팀 프로젝트를 생성하고 팀원들과 공유하여 협업을 시작할 수 있습니다.

03. 챗GPT 팀 요금제 해지하기
챗GPT 팀 요금제를 더 이상 사용하지 않으려면 구독을 직접 해지해야 합니다. 챗GPT의 메인 화면 왼쪽 하단의 메뉴에서 [내 계정 → Team Plan]을 선택합니다. [Manage my subscription]을 클릭하여 신용카드 정보 창이 나타나면 [플랜 취소]를 눌러 구독을 해지합니다.

요약 정리! ✏️

챗GPT의 요금제 3가지

요금제	무료 버전	챗GPT 플러스	챗GPT 팀
가격	무료	월 20달러	월 30달러/사용자 (연간 결제 시 월 25달러)
사용하는 모델	GPT-3.5, GPT-4o	GPT-4, GPT-4o	GPT-4, GPT-4o
응답 속도	제한적	빠름	빠름
컨텍스트 윈도우	8K	8K	32K
기능	기본 기능, 일부 고급 기능	우선 접근	팀 기능

01-3

챗GPT에서 자주 사용하는 기본 개념 8가지

챗GPT를 제대로 활용하려면 알아야 할 8가지 기본 개념을 소개합니다. 이 8가지 개념을 확실히 익혀 두면 생성형 AI 분야 등에서 두고두고 써먹을 수 있습니다. 물론 이 개념을 몰라도 챗GPT를 활용할 수는 있으니 당장 챗GPT를 써보고 싶은 분들은 02장으로 넘어가도 좋습니다.

프롬프트 엔지니어링

프롬프트가 인공지능에게 내리는 명령이나 지시라면, 프롬프트 엔지니어링(prompt engineering)은 이 **명령과 지시를 효과적으로 작성하는 방법을 연구하는 것**을 말합니다. GPT처럼 자연어를 이해하는 인공지능은 '아' 다르고 '어' 다르다는 것을 인지하고 있으며, 프롬프트 엔지니어링은 인공지능의 생산성을 높이기 위해 '아'와 '어' 가운데 어떤 걸 골라서 쓸지 고민한다고 보면 됩니다. 인공지능의 답변을 더 정확하고 유용하게 만들 수 있도록 어떤 표현을 사용해서 명령할지 고민하는 과정이라 할 수 있어요. 그래서 프롬프트 엔지니어라는 직업도 새로 생겼죠.

결국 잘 쓰인 프롬프트는 사람들이 대화를 통해 수십 번 도출한 결론보다 더욱 깔끔하고 빠르게 결과물을 보여 줍니다. 만약 그 작업이 반복되는 일이라면 프롬프트를 저장해 두었다가 필요할 때 꺼내어 쓰면 되는 것이죠.

자연어 처리

자연어 처리(natural language processing, NLP)는 **인공지능이 사람의 언어를 이해하기 위해 필요한 분야**입니다. '자연어'란 사람들이 대화할 때 쓰는 언어를 의미합니다. 책에 적힌 글이나 대화할 때 사용하는 문장은 모두 자연어인 거죠. 컴퓨터는 지금까지 사람의 언어를 이해할 수 있는 능력이 없었습니다. 하지만 인간이 컴퓨터를 효율적으로 사용하기 위해 그동안 프로그래밍 언어(C 언어, C++, Go 언어, 자바스크립트 등)를 배운 것처럼, 이제는 반대로 컴퓨터가 인간의 언어를 이해하도록 만들고 있습니다. 이것이 바로 '자연어 처리'입니다.

환각 현상

챗GPT에는 '환각 현상(hallucination)'이라는 것이 있습니다. **챗GPT가 자신이 잘 모르는 질문을 받았을 때 있지도 않은 것을 그럴싸하게 있는 것처럼 대답하는 것을** 의미하는데요. 넓은 범주에서 보자면 생성형 AI 모델이 잘못된 정보나 허위 정보를 학습해 사실인 양 능청스럽게 답하는 현상을 말합니다. 다음은 GPT-3.5 버전의 챗GPT와 대화한 예시입니다.

 세종 대왕 때 창설된 GPS 별기군과 경복궁 안에 설치된 루브르 박물관에 대한
사실을 설명해 줘.

 세종대왕 시대에 창설된 GPS 별기군은 대한민국 국방부 하부 기관 중 하나로, 천문학적 위치 측정 및 탐지 기술 등을 담당하고 있습니다. "GPS"는 Global Positioning System의 약어로, 위성을 통해 지구상의 위치를 정확하게 측정하는 시스템을 의미합니다. 별기군은 이러한 GPS 시스템을 이용하여 대한민국의 군사 작전과 안보를 담당하고 있습니다.

경복궁 안에 설치된 루브르 박물관은 프랑스의 루브르 박물관과 협력하여 설치된 한국의 박물관입니다. 이 박물관은 2006년에 개관하였으며, 경복궁 내에 위치하고 있습니다. 루브르 박물관에서는 고대부터 근대까지의 서양 및 아시아의 예술 작품을 전시하고 있으며, 매년 많은 관광객들이 방문하여 참관하고 있습니다. 이 박물관은 한국과 프랑스 간의 문화 교류를 촉진하고, 한국의 문화 유산을 세계에 알리는 역할을 하고 있습니다.

챗GPT는 세종대왕 때 창설된 GPS 별기군이라는 것이 마치 존재한 것처럼 설명하고 있습니다. 사실은 그렇지 않은데 말이죠. 그리고 GPS 시스템을 이용하여 대한민국의 군사 작전과 안보를 담당하고 있으며, 게다가 경복궁 내에 루브르 박물관이 있다고 합니다. 파리에 있는 루브르 박물관과 동일한 박물관은 아니며, 두 나라가 협력하여 설치한 박물관이라고 이야기하네요.

환각 현상은 챗GPT를 사용하면서 가장 많이 만날 수 있는 오류입니다. 이런 잘못된 답변 때문에 챗GPT는 아직 사용하기 이르다고 우려하는 사람도 많습니다. 그러나 영어로 질문하면 오류 현상은 훨씬 줄어듭니다.

이번에는 앞에서 사용한 질문을 영어로 바꿔 보겠습니다.

 Explain the GPS Army founded by King Sejong the Great and the Louvre museum inside Gyeongbokgung Palace.

 I apologize for any confusion, but there is no such thing as the "GPS Army" founded by King Sejong the Great. King Sejong the Great was a monarch of the Joseon Dynasty in Korea who is known for his contributions to the development of Korean culture, science, and technology. He is particularly famous for inventing the Korean alphabet, which is called Hangul.

(… 중략 …)

While there are several museums in Seoul that house collections of historical artifacts and artwork, there is no Louvre museum inside Gyeongbokgung Palace. The Louvre is a famous museum located in Paris, France, and it is one of the largest and most visited museums in the world.

방금 답변한 내용을 한국어로 번역해 줘.

 제가 불편을 드려 죄송합니다만, King Sejong the Great이 창설한 "GPS 군대"는 존재하지 않습니다. King Sejong the Great은 대한민국의 문화, 과학 및 기술 발전에 기여한 한국의 조선 시대 군주 중 한 명입니다. 그는 특히 한글을 발명한 데 대해 유명합니다.

또한 경복궁 안에 있는 루브르 박물관도 존재하지 않습니다. 경복궁은 대한민국 서울에 위치한 역사적인 궁궐로, 1395년에 처음 건설되었습니다. 이 궁궐은 조선 시대의 주요 궁궐이었으며, 다양한 왕들에 의해 확장 및 보수되었습니다.

서울에는 역사적 유물 및 예술 작품 컬렉션을 소장한 여러 박물관이 있지만, 경복궁 안에는 루브르 박물관이 존재하지 않습니다. 루브르 박물관은 프랑스 파리에 위치한 유명한 박물관으로, 세계에서 가장 크고 많은 방문자를 받는 박물관 중 하나입니다.

같은 질문이지만 영어로 물어봤을 때 챗GPT는 더 정확한 정보를 전달합니다. 그 이유는 챗GPT의 기본 설정이 '질문하는 언어로 이루어진 정보'에서 검색하는 것이기 때문입니다. 이처럼 환각 현상을 최대한 줄이고 싶다면 한글보다 영어로 질문하고 답변 내용을 번역해 보는 것을 추천합니다.

물론 GPT-4에서는 환각 현상이 많이 줄어들었습니다. 최신 버전인 GPT-4o에서는 이러한 현상이 더욱 감소하여 정확도가 한층 높아졌습니다. 동일한 질문을 GPT-4o에게 해볼까요?

 세종 대왕 때 창설된 GPS 별기군과 경복궁 안에 설치된 루브르 박물관에 대한 사실을 설명해 줘.

 세종 대왕 때 창설된 GPS 별기군과 경복궁 안에 설치된 루브르 박물관에 대한 내용은 역사적 사실이 아닙니다. 이는 현대의 개념이나 시설을 과거의 역사적 시기와 결합한 허구적인 이야기로 보입니다.

1. **GPS 별기군**:
- GPS(Global Positioning System)는 20세기 후반에 미국에서 개발된 위성 항법 시스템으로, 세종 대왕이 통치하던 15세기 조선 시대에는 존재하지 않았습니다.

- 별기군은 조선 말기인 1881년(고종 18년)에 창설된 근대식 군대입니다. 이는 19세기 말 서구 열강의 압력과 군사력의 필요성에 의해 창설된 것입니다. 세종 대왕(1397-1450)과는 시기적으로 맞지 않습니다.

2. **경복궁 안의 루브르 박물관**:
- 루브르 박물관(Louvre Museum)은 프랑스 파리에 있는 세계적으로 유명한 미술관입니다. 18세기 후반 프랑스 혁명 이후에 미술관으로 전환되었습니다.
- 경복궁은 조선의 수도 한양(현 서울)에 위치한 궁궐로, 세종 대왕이 거주하던 곳 중 하나였습니다.
경복궁 안에 루브르 박물관이 설치된 적은 없습니다.

따라서, 세종 대왕 시대와 관련된 GPS 별기군이나 경복궁 안의 루브르 박물관에 대한 정보는 역사적 사실이 아니라, 현대적 요소를 혼합한 상상의 산물이라고 할 수 있습니다. 세종 대왕의 시대는 조선의 황금기 중 하나로, 훈민정음의 창제와 같은 중요한 문화적, 과학적 발전이 있었던 시기입니다.

GPT-3.5 버전과는 확연히 다른 답변을 확인할 수 있습니다. 다만 이처럼 많이 발전했어도 여전히 모든 버전에서 환각 현상이 발생할 수 있습니다. 따라서 챗GPT의 답변 내용을 그대로 복사해서 사용하지 말고 반드시 확인을 거쳐 오류를 바로잡아야 한다는 사실을 명심하세요.

머신러닝

머신러닝(machine learning)은 **기계가 스스로 학습하고 문제를 개선해 나가는 기술**입니다. 데이터를 분석하고 패턴을 인식한 결과를 바탕으로 새로운 데이터를 처리하고 예측하는 능력을 갖추는 원리이죠. 머신러닝은 인공지능의 한 분야로, 많은 양의 데이터를 학습하여 성능을 향상합니다.

간단히 생각하면, 기계가 데이터를 통해 스스로 배우는 과정이라 할 수 있습니다. 예를 들어, 이메일 스팸 필터는 수많은 스팸 이메일과 정상 이메일을 학습하여 어떤 이메일이 스팸인지 아닌지 예측합니다. 사람이 일일이 규칙을 가르치지 않아도, 머신러닝 알고리즘이 데이터에서 규칙을 발견하고 스스로 학습하는 것이 큰 특징입니다.

머신러닝을 사용하는 대표적인 예로 날씨 예보를 들 수 있습니다. 컴퓨터가 현재 기상 데이터를 분석한 뒤 과거 유사한 데이터의 패턴을 이해해서 미래의 날씨를 예측합니다. 이처럼 머신러닝은 이미 우리 일상생활에 많은 도움을 주고 있습니다.

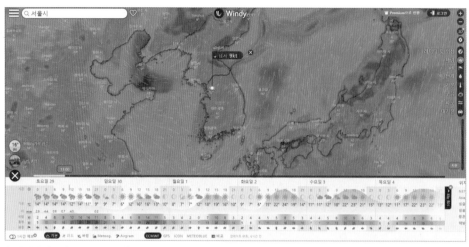

현재 시점에서 미래의 날씨를 예측하는 데 사용하는 머신러닝. 자료 출처: Windy(windy.com)

머신러닝은 크게 세 가지 방식으로 나뉩니다. 첫 번째로 지도 학습(supervised learning)은 정답이 있는 데이터를 학습하여 새로운 데이터를 예측하는 방식입니다. 두 번째, 비지도 학습(unsupervised learning)은 정답이 없는 데이터에서 구조나 패턴을 스스로 찾아내는 방식입니다. 마지막으로 강화 학습(reinforcement learning)은 환경과 상호작용하여 목표를 달성하는 방식입니다.

머신러닝은 인공지능 분야에서 매우 중요한 역할을 하며, 다양한 애플리케이션에서 사용되고 있습니다. 챗GPT 역시 머신러닝을 통해 학습하고 발전하는 대표적인 예입니다.

딥러닝

딥러닝(deep learning)은 머신러닝의 한 방법으로, 인간의 뇌를 모방하여 만든 **인공 신경망을 여러 계층으로 겹쳐 쌓고 연결하는 기법**입니다. 여러 층으로 구성된 신경망을 통해 객체를 더 정확하게 식별하고 복잡한 작업을 수행합니다. 비정형 데

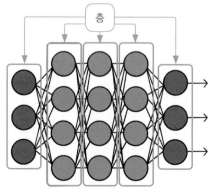

여러 층으로 깊이(deep) 학습하는 딥러닝

이터가 점점 늘어나는 추세 속에서 딥러닝은 자연어와 이미지 처리에 탁월한 성능을 발휘합니다. 여기서 비정형 데이터란 일정한 형식이 없는 데이터로, 텍스트, 이미지, 오디오, 비디오와 같이 구조화되지 않은 데이터를 말합니다. 이메일, 소셜 미디어 게시물, 사진, 음성 녹음 등이 비정형 데이터에 속합니다.

딥러닝은 인간의 신경망처럼, 좋은 결과를 만들면 활성화되고, 좋지 않은 결과를 만들면 덜 활성화되는 방식으로 작동합니다. 챗GPT의 기술적 기반도 바로 이 딥러닝입니다. 이미지, 영상, 음성, 텍스트 등 머신러닝으로 처리하기 어려운 분야는 딥러닝으로 문제를 해결할 수 있어서 여러 인공지능 기술 가운데 크게 주목받고 있습니다.

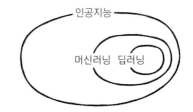

토큰

토큰(token)은 GPT API가 단어를 처리하기 위해 문장을 의미 단위로 분할한 단어 조각을 말합니다. 챗GPT와 같은 언어 모델은 텍스트를 토큰 단위로 나누어 처리합니다. 예를 들어, "ChatGPT는 훌륭한 도구입니다."라는 문장은 여러 개의 토큰으로 분리되어 모델에 입력됩니다.

언어에 따라 토큰의 개수는 크게 차이가 납니다. 영어 문장 "Hello"는 하나의 토큰으로 처리되지만, 한국어 문장 "안녕하세요"는 여러 개의 토큰으로 나뉩니다. 이처럼 한국어는 영어보다 더 많은 토큰을 사용합니다.

다음 그림을 보면 영어보다 한글이 토큰을 얼마나 더 사용하는지 체감할 수 있을 겁니다.

영어 토큰 수   한글 토큰 수

▶ 토큰에 대한 자세한 설명은 토크나이저 설명 페이지(platform.openai.com/tokenizer)에서 확인할 수 있습니다.

토큰을 많이 사용하면 GPT 모델이 대화의 맥락을 기억하는 능력이 줄어들고, 답변의 길이와 속도도 영향을 받을 수 있습니다. 챗GPT는 프롬프트를 통해 나눈 대화의 맥락을 저장해 두는데요. 일반적으로 챗GPT는 대화에서 4,096개의 토큰을 저장하고 그 이전의 대화 내용은 서서히 잊어버립니다. 따라서 대화가 길어질수록, 즉 토큰을 많이 소모할수록 앞서 나눈 내용을 잊어버리기 쉽습니다.

▶ 토큰에 대해 더 자세히 알고 싶다면 오픈AI의 공식 설명(tinyurl.com/2pjrvu59)을 참고하세요.

파인 튜닝

01-1절에서 GPT(generative pre-trained transformer)는 생성을 위해서 미리 훈련된 변환기라고 설명했죠? 이는 '미리 학습된 모델'을 의미합니다. 미리 학습된 모델은 이미 많은 정보를 알고 있지만 특정 작업에 맞는 더 세부적인 학습이 추가로 필요합니다. 이때 **모델에게 새로운 작업을 가르치고 세부 내용을 조정하는 과정**을 '파인 튜닝(fine-tuning)'이라고 합니다.

파인 튜닝은 신입 사원이 경력자가 되는 과정으로 쉽게 비유할 수 있는데요. 신입 사원이 경력자가 되려면 업무 구조나 문화 등을 학습하고 경험해야 합니다. 이때 시간과 비용이 반드시 필요하죠. 파인 튜닝 역시 신입 사원 같은 인공지능을 특정한 조건에 맞춰 학습하고 경험시켜서 경력자로 만드는 과정과 같습니다.

예를 들어, 인공지능이 사진에서 강아지와 고양이를 구분하는 작업을 수행하게 하려면 인공지능에게 강아지와 고양이 사진을 입력해 각각 학습시켜야 합니다. 그 결과 인공지능은 강아지와 고양이를 더 정확하게 구분할 수 있습니다. 이처럼 파인 튜닝은 인공지능이 특정 작업을 더 뛰어난 성능으로 수행할 수 있게 만드는 과정입니다.

파인 튜닝 전

파인 튜닝 중

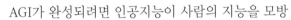

파인 튜닝 후

강아지 사진을 몇 장만 제공해도 원하는 결과물이 나올 정도로 간단히 학습(few shot learning)하는 경우도 있지만, 특정 목적을 달성해야 하는 파인 튜닝에서는 방대한 양의 자료를 꾸준히 제공해야 합니다.

AGI — 범용 인공지능

AGI란 '인공 일반 지능(artificial general intelligence)'의 줄임말로, **인간 지능 수준의 컴퓨터 프로그램이나 기계**를 의미합니다. 아직 개념으로만 존재하지만 많은 인공지능 개발자들의 목표이기도 합니다. 공상 과학 소설이나 영화에 나온 '생각하는 로봇'을 머릿속에 떠올리면 바로 그 모습인 거죠.

AGI가 완성되려면 인공지능이 사람의 지능을 모방해야 합니다. 사람의 지능은 학습 능력, 추론, 언어 이해, 인식, 문제 해결 등 여러 가지 능력으로 구성되는데, 이런 인간의 능력을 모방하는 것이야말로 AGI의 목표 지점이라고 할 수 있습니다. 물론 AGI 개발에는 많은 도전이 따릅니다. 챗GPT조차 AGI 수준까지 가려면 아직 멀었다고 오픈AI의 대표이자 개발자인 새뮤얼 알트먼(Samuel H. Altman)이 못 박아 이야기하기도 했죠.

인공지능이 인간처럼 지각하고 추론하는 능력을 모방하려면 수많은 데이터와 복잡한 알고리즘이 필요합니다. 하지만 이를 뒷받침할 만한 기술 발전은 아직 충분하지 않습니다. 인간의 도덕, 가치관, 감정 등과 같은 요소를 컴퓨터에 어떻게 구현할지 철학적인 고민도 필요하고요. 하지만 궁극적으로 이런 AGI의 개발이야말로 세계적인 미래학자 레이 커즈와일(Ray Kurzweil)이 주장했던 특이점의 시작이 될 것이라고 생각하는 사람들이 많습니다.

다음 02장에서는 챗GPT를 실제로 사용해 보겠습니다.

요약 정리! ✏️

챗GPT에서 자주 사용하는 기본 개념 8가지

용어	설명
❶ 프롬프트 엔지니어링	인공지능에게 명령과 지시를 효과적으로 내리는 방법을 연구하는 분야
❷ 자연어 처리	인공지능이 사람의 언어를 이해하고 생성·조작할 수 있는 분야
❸ 환각 현상	있지도 않은 것을 그럴싸하게 있는 것처럼 대답하는 현상
❹ 머신러닝	기계가 스스로 학습하고 문제를 개선해 나가는 기술
❺ 딥러닝	인공 신경망을 여러 계층으로 겹쳐 쌓고 연결해서 객체를 더 정확하게 식별하고 복잡한 작업을 수행하는 기법
❻ 토큰	단어를 처리하기 위해 조각낸 단위
❼ 파인 튜닝	특정 작업에 딱 맞춰 적용할 수 있도록 모델에게 새로운 작업을 가르치는 과정
❽ AGI	인간 지능 수준의 컴퓨터 프로그램이나 기계

현실판 자비스, GPT-4o

인공지능의 발전은 우리 삶의 다양한 분야에 혁신을 불러왔습니다. 그중에서도 오픈
AI의 GPT-4o는 인공지능 기술의 정점을 보여 주는 대표적인 예입니다. 마치 영화
아이언맨의 비서 자비스(J.A.R.V.I.S.)처럼, GPT-4o는 지능적이고 다재다능한 인공지
능 비서로서의 역할을 훌륭히 수행하고 있습니다.

GPT-4o를 설명하고 있는 오픈AI의 CTO, 미라 무라티(Mira Murati)

GPT-4o란?

GPT-4o는 오픈AI에서 개발한 최신 인공지능 모델입니다. GPT-4o의 o는 omni(모
든, 어디에나, 어디서나)를 의미하며, 이는 이 모델이 다양한 분야에서 활용될 수 있다는
자신감을 담은 것이죠. GPT-4o는 자연어 처리 능력과 대화 능력을 한층 더 발전시
켜, 인간과의 상호작용에서 높은 수준의 이해력과 응답 능력을 보여 줍니다. GPT-
4o의 주요 특징은 다음과 같습니다.

❶ 강화된 자연어 처리 능력

GPT-4o는 자연어 처리 기술에서 한 단계 더 나아간 성능을 자랑합니다. 복잡한 문장 구조와 미묘한 의미 차이를 이해하고, 맥락에 맞는 적절한 응답을 생성할 수 있습니다. 이로 인해 GPT-4o는 대화형 AI 비서, 고객 서비스 챗봇, 그리고 다양한 텍스트 기반 애플리케이션에 활용됩니다.

❷ 다분야 지식

GPT-4o는 과학, 역사, 예술, 기술 등 다양한 분야에 걸쳐 깊이 있는 지식을 보유하고 있습니다. 사용자는 챗GPT에게 질문하는 것만으로 필요한 정보를 빠르고 정확하게 얻을 수 있습니다.

❸ 인간과의 자연스러운 상호작용

GPT-4o는 인간과의 대화에서 자연스러움을 극대화하는 데 중점을 두었습니다. 감정 인식과 공감 능력이 향상되면서 더욱 친근하고 유익한 경험을 제공합니다.

GPT-4o와
음성 대화

오픈AI의 GPT-4o와 음성으로 대화하는 장면

❹ 멀티모달 능력

기존의 GPT-3.5로는 텍스트로만 질의응답을 할 수 있었지만 GPT-4o는 텍스트뿐만 아니라 이미지, 음성 등 다양한 형태의 데이터를 처리할 수 있습니다. 이를 멀티모달(multimodal)이라고 합니다. 멀티모달은 다양한 입력 방식을 통해 더 풍부하고 다채로운 응답을 생성할 수 있게 합니다. 예를 들어, 텍스트 설명과 함께 관련 이미지를 제공하거나 사람의 목소리에 대해서 텍스트 또는 사람처럼 목소리로 응답할 수도 있습니다.

GPT-4o는 어디에 사용될까?

GPT-4o는 대중에게 공개된 지 단 며칠 만에 다양한 산업 분야에서 혁신적인 변화를 이끌어가고 있습니다. 제가 생각하는 GPT-4o의 대표적인 활용 방안 3가지를 소개합니다.

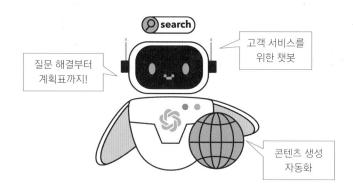

① 고객 서비스

GPT-4o는 고객 문의를 자동으로 처리하는 챗봇으로 활용할 수 있습니다. 복잡한 문의에도 정확하고 빠른 응답을 제공하여 고객 만족도를 높이고, 기업의 운영 효율성을 극대화할 수 있습니다.

② 교육

GPT-4o는 교육 분야에서도 큰 잠재력을 가지고 있습니다. 학생들의 질문에 대해 상세하고 이해하기 쉬운 설명을 제공하고, 개인 맞춤형 학습 계획을 세워주는 등의 역할을 수행할 수 있습니다. 이를 통해 교육의 질을 높이고, 학생들에게 학습 동기를 부여할 수 있습니다.

③ 콘텐츠 생성

GPT-4o는 기사 작성, 블로그 포스트 생성, 광고 문구 작성 등 다양한 콘텐츠 생성 작업을 자동화할 수 있습니다. 이는 콘텐츠 제작자들이 더 창의적인 작업에 집중할 수 있도록 도와주며, 효율성을 크게 높입니다. 저 역시 GPT-4o와 대화를 진행하는 방식의 콘텐츠로 강의 홍보 영상을 올리기도 했습니다.

대화 기능을 활용한
콘텐츠 영상

GPT-4o와 대화하는 방식으로 제작한 홍보용 콘텐츠

이처럼 GPT-4o는 인공지능 기술의 진보를 상징하는 혁신적인 모델이라고 볼 수 있습니다. 마블 시네마틱 유니버스에 나오는 자비스처럼 GPT-4o는 우리 삶의 다양한 측면에서 유용한 도구로 활용될 수 있으며, 앞으로도 계속해서 발전하는 모습을 보여 줄 것입니다. 비단 저와 같은 콘텐츠 제작자나 AI 산업에 국한된 기술이 아니라, 마치 스마트폰처럼 일상적인 기술에 가까워졌다고도 감히 말할 수 있습니다.

챗GPT 한번 사용해 보기

이제 챗GPT를 자유롭게 사용해 볼까요? 이번 장에서는 챗GPT에게 무엇을, 어떻게, 왜 물어봐야 하는지 여러 예시를 보여 주고 챗GPT가 어떻게 답변하는지도 살펴보겠습니다. 또한 챗GPT가 무엇을 잘하고 못 하는지, 그리고 어떤 특징이 있는지 알아봅니다.

02-1

챗GPT가 추천하는 질문부터 따라 해보자!

이제는 프롬프트를 직접 작성해 볼 차례입니다. 처음 뭔가를 시작할 때는 어떻게 해야 할지 막막합니다. 챗GPT뿐만 아니라 글을 쓸 때도 마찬가지입니다. 가장 쉬운 방법으로 챗GPT가 추천하는 질문부터 연습 삼아 시작해 보겠습니다.

챗GPT의 추천 질문 4가지

챗GPT 메인 화면에서 챗GPT가 추천하는 질문 4가지를 볼 수 있습니다.

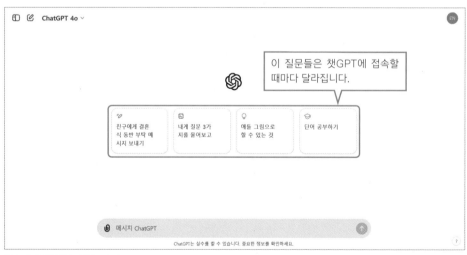

챗GPT가 추천하는 질문 4가지

친구에게 결혼식 동반 부탁 메시지 보내기

내게 질문 3가지를 물어보고

애들 그림으로 할 수 있는 것

단어 공부하기

화면에 보이는 4가지 항목 중에서 '단어 공부하기'를 먼저 요청해 보겠습니다.

하면 된다! ﹜ 추천 질문 직접 해보기

01. 챗GPT 메인 화면에서 [단어 공부하기]를 누르면 프롬프트가 자동으로 입력됩니다.

02. 챗GPT는 '단어 공부하기'라는 요청에 5가지 아이디어를 제안해 줬습니다.

단어 공부 좀 도와줘. 빈칸을 넣어 문장을 써 주면 내가 올바른 단어를 적어 볼게.

 물론이죠! 다음 문장을 완성해 보세요.

1. The sun was setting, and the sky turned a beautiful shade of _____.
2. She didn't understand the instructions, so she asked for _____.
3. After running a marathon, he was completely _____.
4. The detective worked hard to _____ the mystery.
5. During the thunderstorm, the power went _____.

빈칸에 들어갈 적절한 단어를 생각해 보세요.

각 문장을 한글로 번역해줘.

물론이죠! 문장을 한글로 번역해드릴게요.

1. 해가 지고 있었고, 하늘은 아름다운 _____ 색으로 변했다.
2. 그녀는 지시를 이해하지 못해서, _____을 요청했다.
3. 마라톤을 달린 후, 그는 완전히 _____ 했다.
4. 형사는 열심히 일하여 미스터리를 _____.
5. 천둥번개가 치는 동안, 전기가 _____.

이제 빈칸에 들어갈 적절한 단어를 생각해 보세요.

챗GPT는 빈칸 채우기 방식으로 단어 학습을 할 수 있도록 정리해 답변합니다. 다시 한번 이 문장들이 한국어로 어떻게 번역되는지도 물어봤더니, 영어 문장을 한국어로 자연스럽게 번역해 주는 모습을 볼 수 있습니다.

03. 하나만 더 따라 해보겠습니다. 저는 앞선 질문 중에서 두 번째 질문의 뒤에 어떤 말이 생략되어 있을지 궁금하더라고요. 두 번째 추천 질문이었던 [내게 질문 3가지를 물어보고]를 클릭합니다.

이번에도 마찬가지로 프롬프트가 자동으로 입력됩니다.

 개인 웹 페이지를 한 개 파일로 만들어 줘. 먼저 알아야 되는 내용에 대해 세 가지 질문을 해 줘.

 개인 웹 페이지를 제작하기 위해 몇 가지 중요한 사항을 확인하고 싶습니다. 다음 세 가지 질문에 답해 주시면 웹 페이지를 제작하는 데 큰 도움이 됩니다:

웹 페이지의 주제와 목적은 무엇인가요? (예: 개인 블로그, 포트폴리오, 제품 소개 등)
웹 페이지에 포함하고자 하는 주요 콘텐츠는 무엇인가요? (예: 자기소개, 경력 사항, 프로젝트, 연락처 정보 등)
웹 페이지의 디자인 스타일이나 색상 테마에 대한 선호 사항이 있나요? (예: 미니멀리즘, 화려한 색상, 특정 색상 조합 등)

이 질문에 답해 주시면 이를 바탕으로 웹 페이지를 한 개 파일로 제작해 드리겠습니다.

이 질문에서 생략된 부분은 개인 웹 페이지를 만들라는 요청이었는데, 이는 웹 페이지를 만들기 위해 알고 있어야 하는 선행 지식을 질문으로 확인하는 방식이었습니다. 챗GPT는 대답을 도출하기 위해 사람처럼 '대화' 방식을 사용하므로, 다양한 대화법을 활용해서 이야기를 이끌어나갈 수 있죠. 마지막으로 챗GPT의 능력을 테스트해 보기 위해 어떤 일을 할 수 있는지 직접 입력해서 물어보겠습니다.

챗GPT, 너는 어떤 일을 할 수 있어?

안녕하세요! 저는 여러분의 질문에 답변하고, 다양한 주제에 대해 정보를 제공하며, 다양한 작업을 도와줄 수 있는 AI 언어 모델입니다. 제가 할 수 있는 일들은 다음과 같습니다:

정보 제공: 역사, 과학, 문학, 기술, 건강 등 다양한 주제에 대해 정보를 제공할 수 있습니다.

문서 작성 도움: 에세이, 보고서, 편지, 이메일 등의 문서 작성에 도움을 줄 수 있습니다.

언어 번역: 여러 언어 간의 번역을 도와줄 수 있습니다.

프로그래밍 도움: 코드 작성 및 디버깅, 프로그래밍 관련 질문에 답변할 수 있습니다.

데이터 분석: 데이터를 분석하고 시각화하는 데 도움을 줄 수 있습니다.

창의적인 글쓰기: 시, 이야기, 블로그 포스트 등의 창작물을 작성하는 데 도움을 줄 수 있습니다.

교육 지원: 다양한 학습 자료와 설명을 제공하여 학습을 도울 수 있습니다.

생활 정보: 여행 정보, 요리법, 생활 꿀팁 등 일상 생활에 유용한 정보를 제공할 수 있습니다.

이 외에도 다양한 요청에 대응할 수 있으니, 무엇이든 물어보세요!

챗GPT는 스스로 이런 기능들이 있다고 말합니다. 이 중에서 대화와 번역을 잘 하는 능력은 확인했으니, 02-2절에서 챗GPT의 메인 화면을 살펴본 후 챗GPT와 대화하는 연습을 차차 해보겠습니다.

요약 정리! ✏️

추천 질문 사용해 보기
❶ 어떻게 해야 할지 막막할 때 챗GPT의 추천 질문부터 시작해 본다.
❷ 영어로 나오면 한국어로 번역해 달라고 요청한다.
❸ 챗GPT는 정보 제공, 문서 작성 보조, 프로그래밍 도움, 데이터 분석, 교육 및 생활 정보 지원 등 전반적인 영역에서 대답해 주는 도구이다.

02-2

챗GPT 메인 화면 살펴보기

챗GPT의 메인 화면은 크게 다섯 부분으로 나뉩니다.

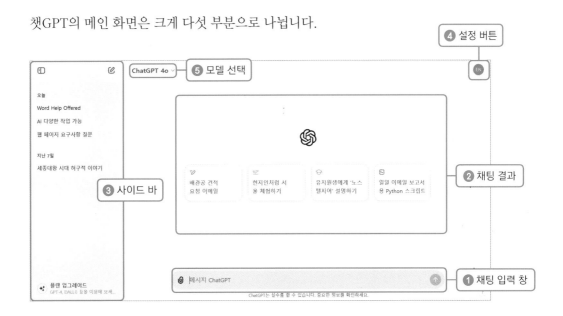

① **채팅 입력 창:** 챗GPT에게 질문을 입력하는 영역입니다.

② **채팅 결과:** 사용자가 입력한 프롬프트와 챗GPT의 답변을 보여 주는 영역입니다.

③ **사이드 바:** 챗GPT와 대화한 기록이 남는 히스토리가 남는 영역으로, 챗GPT와 새로운 대화를 시작하거나 구독 정보 등을 관리할 수도 있습니다.

④ **설정 버튼:** 챗GPT의 옵션을 설정하는 버튼입니다.

⑤ **모델 선택:** 챗GPT의 대화 모델을 선택하는 영역입니다.

❶ 채팅 입력 창 ― 프롬프트를 입력할 수 있어요!

챗GPT에게 물어보고 싶은 말을 입력하는 영역입니다. 앞서 설명했듯이 이곳에 입력하는 모든 글자는 프롬프트가 될 수 있습니다. 챗GPT에게 지시하거나 질문할 내용을 자유롭게 적으면 됩니다. 오늘 점심 메뉴를 추천해 달라고 가볍게 물어봐도 되고, 심지어 양자 컴퓨터처럼 전문 분야도 진지하게 요구할 수도 있죠. 또한 스턴트맨 출신인 미국 배우 이름 목록을 보여 달라고 해도 됩니다. 어떤 주제라도 질문할 수 있는 공간입니다.

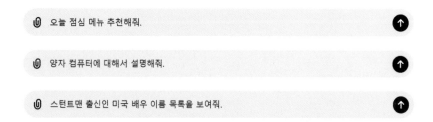

❷ 채팅 결과 ― 챗GPT와 대화한 내용을 볼 수 있어요

챗GPT에게 질문하려고 사용자가 입력한 프롬프트와 챗GPT의 답변을 보여 주는 영역으로, 앞으로 가장 많이 사용합니다.

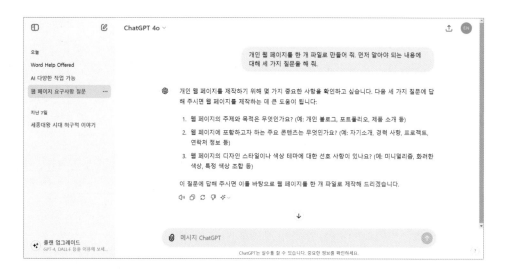

❸ 사이드 바 ― 채팅방을 열거나 구독 관리를 할 수 있어요

사이드 바에는 새로운 채팅을 시작할 수 있는 [새 채팅]과 챗GPT와 진행한 대화가 기록으로 남는 히스토리 영역이 있고, 구독 관리까지 할 수 있습니다.

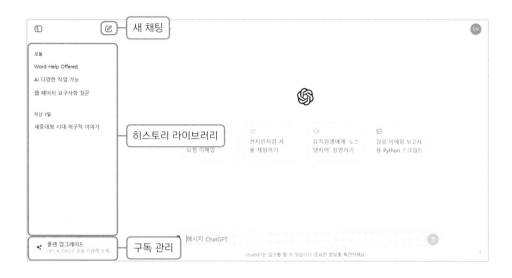

첫 번째는 [새 채팅], 즉 새로운 대화를 시작하는 기능입니다. 챗GPT와 대화를 시작하고 싶거나 진행해 오던 주제 외에 새로운 주제나 목적이 생겼을 때 사용합니다. 마치 카카오톡에서 새 채팅방을 만드는 것과 같은 셈이죠.

이렇게 채팅방을 새로 만드는 이유는 컴퓨터에서 폴더를 만드는 것과 같습니다. 사용자는 프롬프트의 입력에 따라 채팅별로 챗GPT의 대답을 정리할 수 있으며, 챗GPT 또한 히스토리별로 대화의 맥락을 기억하고 그에 맞춰 대화합니다.

예를 들어 제조업을 주제로 진행하다가 갑작스럽게 소설 작성 방법을 물어보면 챗GPT가 간혹 알아채지 못하고 제조업과 관련된 소설을 이야기하는 실수를 할 수도 있는데요. 챗GPT는 앞에서 진행하던 대화의 맥락을 기억해 답변하기 때문입니다. 그러므로 챗GPT에서 새로운 주제를 다룰 때는 [새 채팅]을 이용해서 새로운 채팅방을 만드는 것이 좋습니다.

두 번째는 **챗GPT와 진행한 대화 기록을 남겨 두는 기능**으로, '히스토리 라이브러리'라고 합니다. 위 그림에서 보이는 히스토리 라이브러리는 제가 이전에 챗GPT와 채팅했던 기록입니다. 이 영역은 카카오톡 채팅방처럼 따로 삭제하지 않으면 계속해서 쌓여 가는 구조이므로 챗GPT를 많이 사용할수록 그 개수도 많아집니다.

세 번째는 챗GPT의 **구독을 관리**하는 영역입니다. 해당 영역을 클릭하면 [Free / Plus / Team] 세 가지의 요금제를 확인할 수 있고, 각각 어떤 기능에 접근할 수 있는 지 알려 줍니다.

❹ 설정 버튼 — 챗GPT의 옵션을 설정할 수 있어요

설정 버튼은 자주 사용하지는 않지만 문제가 발생했을 때 몇 번의 클릭으로 쉽게 해결할 수 있습니다. 이 버튼을 누르면 다음과 같은 세 가지 메뉴가 나타납니다.

첫 번째는 [내 GPT]로, GPT 챗봇을 만들 수 있는 기능입니다. 특화된 대답을 해주는 챗봇으로, 이 내용은 02-7절에서 자세히 설명합니다.

두 번째는 [ChatGPT 맞춤 설정]입니다. 챗GPT가 상황에 맞게 답변을 제공하도록 만드는 기능으로, 챗GPT가 답변 전 미리 알았으면 하는 사실이나 응답 방식 등을 설정할 수 있습니다. 해당 내용은 02-8절에서 자세히 다룹니다.

마지막으로 [**설정**]은 채팅 보관, 앱 연결 등에 관한 옵션을 설정할 수 있습니다. 대부분 기본 설정으로 두면 되고, 상황에 맞춰 변경하면 됩니다.

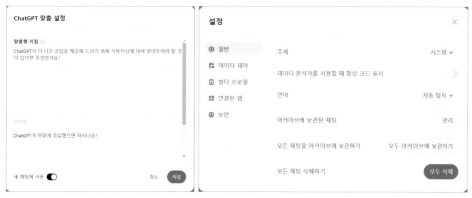

[ChatGPT 맞춤 설정]을 눌렀을 때 나타나는 창   [설정]을 눌렀을 때 나타나는 창

❹ 모델 선택 — GPT 모델을 선택할 수 있어요

챗GPT는 여러 가지 모델이 있습니다. 쉽게 비유하자면, AI의 수준이라고도 할 수 있는데요. 2024년 7월 기준 챗GPT의 가장 뛰어난 최신 모델은 GPT-4o입니다. 무료 버전은 GPT-4o를 제한적으로 사용할 수 있으며, 그 이후에는 GPT-3.5로 답변을 제공합니다. 플러스 또는 팀 요금제의 사용자는 원하는 모델을 선택해 대화할 수 있습니다.

[임시 채팅]을 활성화하면 대화 내용이 히스토리에 저장되지 않습니다. 히스토리에 저장하고 싶지 않은 채팅은 [임시 채팅]을 활성화한 다음 진행하면 됩니다.

무료 사용자에게 출력되는 화면

플러스 또는 팀 요금제 사용자에게 출력되는 화면

모바일 기기에서도 챗GPT를 쓸 수 있어요!

언제 어디서나 챗GPT를 사용할 수 있는 모바일 앱을 설치해 보세요. 사용 방법은
PC 화면과 크게 다르지 않습니다.

02-3

글을 대신 써주는 챗GPT

이번에는 챗GPT에게 문장을 생성하는 것과 관련된 질문을 해보겠습니다. 문장 생성 능력은 글쓰기를 의미하며, 글쓰기의 대표 주자에는 소설과 시가 있습니다. 소설부터 한번 테스트해 보겠습니다.

소설 집필하기

《홍길동전》에 나오는 홍길동을 주인공으로 하고, 현대 사회를 배경으로 하는 액션 활극 소설을 챗GPT에게 써달라고 해보겠습니다.

 홍길동을 주인공으로 한 현대 액션 활극을 소설로 적어 줘.

 제목: 그림자 사냥꾼

1. 새로운 시작

서울의 밤은 여전히 밝고 화려했다. 고층 빌딩 사이로 네온사인이 번쩍이며 도시를 휘감고 있었다. 그런 도시의 어두운 골목에서 한 남자가 빠르게 움직이고 있었다. 그의 이름은 홍길동. 과거의 전설적인 이름을 이어받아 그는 현대 사회에서도 정의를 구현하는 그림자 사냥꾼으로 불렸다.

(… 중략 …)

4. 정의의 실현

두목은 끝까지 저항했지만, 홍길동의 실력 앞에서는 무력했다. 그는 결국 체포되어 법의 심판을 받게 되었다. 홍길동은 어두운 골목에서의 전투를 떠올리며 미소 지었다. 비록 밤은 여전히 어두웠지만, 그의 정의는 빛을 발하고 있었다.

그리고 다시 한번, 홍길동은 새로운 임무를 위해 그림자 속으로 사라졌다. 그의 이야기는 끝나지 않았다. 언제나 어둠 속에서 정의를 실현하는 그림자 사냥꾼, 홍길동의 전설은 계속될 것이다.

이상으로 현대를 배경으로 한 홍길동의 액션 활극 소설이었습니다. 이 이야기가 마음에 들었기를 바랍니다.

홍길동전이 원작이므로 제목을 '그림자 사냥꾼'보다는 좀 더 조선시대의 느낌이 나게 바꾸면 어떨까 싶습니다. 이 요구 사항을 다시 한번 챗GPT에게 이야기해 보겠습니다.

 '제목: 그림자 사냥꾼에서 '그림자 사냥꾼'을 좀 더 조선시대의 느낌이 나게 변경할 수 있어?

 제목: 암행어사

1. 새로운 시작

서울의 밤은 여전히 밝고 화려했다. 고층 빌딩 사이로 네온사인이 번쩍이며 도시를 휘감고 있었다. 그런 도시의 어두운 골목에서 한 남자가 빠르게 움직이고 있었다. 그의 이름은 홍길동. 과거 조선시대의 전설적인 이름을 이어받아 그는 현대 사회에서도 정의를 구현하는 암행어사로 불렸다.

(… 중략 …)

4. 정의의 실현

두목은 끝까지 저항했지만, 홍길동의 실력 앞에서는 무력했다. 그는 결국 체포되어 법의 심판을 받게 되었다. 홍길동은 어두운 골목에서의 전투를 떠올리며 미소 지었다. 비록 밤은 여전히 어두웠지만, 그의 정의는 빛을 발하고 있었다.

그리고 다시 한번, 홍길동은 새로운 임무를 위해 어둠 속으로 사라졌다. 그의 이야기는 끝나지 않았다. 언제나 어둠 속에서 정의를 실현하는 암행어사, 홍길동의 전설은 계속될 것이다.

이상으로 조선시대의 느낌을 가미한 현대 배경의 홍길동 액션 활극 소설이었습니다. 이 이야기가 마음에 들었기를 바랍니다.

챗GPT는 조선시대라는 키워드에 맞춰 '암행어사'라는 제목을 추천해 줬습니다. 하지만 최근 웹 소설 중 일부는 문장형 제목의 특징을 가지고 있는데요. 인터넷에서 문장형 제목의 예시를 검색하고, 그에 맞춰서 방금 적은 소설의 제목을 변경하고 싶다고 말해 보겠습니다.

 인터넷에서 문장형 제목 중에서, 한국 웹 소설 예시를 검색해 확인해줘.
그리고 지금 적어준 소설의 제목을 변경하고 싶어.
5개 정도 리스트를 보여줘.

 여기 몇 가지 한국 웹소설의 예시 제목을 바탕으로 현재 소설의 제목을 변경해 보았습니다. 각 제목은 호기심을 불러일으키고 독자의 관심을 끌 수 있도록 구성되었습니다.
1. 돌아온 암행어사: 현대의 사냥꾼
2. 현대에 되살아난 암행어사
3. 암행어사의 후예: 도시의 정의 구현자
4. 암행어사, 도시를 누비다
5. 서울의 밤을 지키는 암행어사
이 제목들 중에서 마음에 드는 것을 선택하거나 더 나은 방향으로 수정할 수 있습니다.

특정 부분을 강조하고 싶을 때는 작은따옴표 사용하기

입력한 프롬프트에서 눈여겨봐야 할 것은 바로 작은따옴표 ' ' 표시입니다. 작은따옴표는 챗GPT에게 특정 부분을 강조하고 싶을 때 사용합니다. 홍길동이라는 이름은 유지하면서 그림자 사냥꾼만 바꾸고 싶었기 때문에 그림자 사냥꾼의 앞뒤에 ' '를 붙여 문장에서 특정 부분을 강조했습니다.

작은따옴표 ' ' 외에 큰따옴표 " ", 소괄호 ( ), 중괄호 { }, 대괄호 [ ]도 사용할 수 있습니다. 이렇게 구분자를 이용하면 챗GPT에게 특정 부분을 좀 더 강조해서 이야기할 수 있습니다.

작은따옴표 ' '	➡	'홍길동'
큰따옴표 " "	➡	"홍길동"
소괄호 ( )	➡	(홍길동)
중괄호 { }	➡	{홍길동}
대괄호 [ ]	➡	[홍길동]

구분만 된다면 어떤 기호든 사용할 수 있습니다.

5가지 아이디어 중에서 '돌아온 암행어사: 현대의 사냥꾼'이 마음에 드네요. 이것을 제목으로 하는 소설의 도입 부분을 써달라고 해보겠습니다.

 제목은 [돌아온 암행어사: 현대의 사냥꾼]으로 정했어.
(1. 새로운 시작)의 내용을 참조해서 소설의 도입부를 적어줘.

 1. 새로운 시작
서울의 밤은 네온사인으로 화려하게 빛나고 있었다. 빌딩 숲 사이로 번쩍이는 불빛들 속에서 한 남자가 빠르게 움직이고 있었다. 그의 이름은 홍길동. 조선시대의 전설적인 이름을 이어받아 그는 현대 사회에서도 정의를 구현하는 암행어사로 불렸다.
홍길동은 고도의 무술 실력과 사람의 마음을 읽는 능력을 겸비한 자였다. 그의 날카로운 눈빛은 범죄자의 심리와 다음 행동을 꿰뚫어 보았다. 오늘 밤, 그는 새로운 임무를 받았다. 서울의 암흑가를 장악한 거대 범죄 조직의 두목을 잡아들이는 것이었다.
도시의 어두운 골목을 지나며 홍길동은 생각에 잠겼다. 과거의 전설적인 암행어사들이 그러했듯, 그는 현대의 암흑을 밝히고자 하는 사명감을 품고 있었다. 정의를 실현하는 일이 결코 쉽지 않음을 알지만, 그는 결코 물러서지 않을 것이다.

챗GPT에게 도입부를 써달라고 요청하면, 자신이 쓴 내용에 알아서 살을 붙이는 것을 볼 수 있습니다. 이어서 써달라고 해보겠습니다.

 이 다음 내용을 이어서 적어 줘.

 홍길동은 항구의 창고로 향했다. 그곳은 도시의 어둠 속에서도 더욱 어두운 곳이었다. 정보원에 따르면, 이곳에서 거대 범죄 조직의 두목이 대규모 마약 거래를 진행할 예정이었다. 그는 창고 주변을 살펴보며 경비원들의 움직임을 파악했다.

밤의 정적을 깨고 홍길동은 소리 없이 창고 안으로 숨어들었다. 두목과 부하들이 거래 준비를 하고 있었다. 그 순간, 무전기를 들고 조용히 신호를 보내려던 찰나, 경보가 울리며 혼란이 시작됐다.

(… 중략 …)

홍길동은 새로운 임무를 위해 다시 그림자 속으로 사라졌다. 그의 이야기는 끝나지 않았다. 언제나 어둠 속에서 정의를 실현하는 암행어사, 홍길동의 전설은 계속될 것이다.

간단하게 다음 내용을 이어서 적어달라고 했는데도, 맥락에 맞게 알아서 글을 적어 주는 모습이 보이죠. 물론 독자 분들이 따라 하는 과정에서 챗GPT가 이상한 내용을 출력하는 경우도 있을 겁니다. GPT-3.5 버전이라면 환각 현상이 더욱 심하겠죠. 소설을 써달라고 하다 보면 챗GPT가 맥락을 잘 파악하지 못하는 경우가 종종 있습니다. 이럴 때는 앞 내용의 마지막 부분을 복사해 붙여 넣은 뒤, 다음 내용을 이어서 적어 달라고 해보세요. 챗GPT가 앞의 내용을 인지하고 이어서 문장을 만들어 줍니다. 예를 들어 보겠습니다.

[그는 결코 물러서지 않을 것이다.]부터 이어서 글을 적어줘.

위와 같은 내용을 프롬프트에 추가하면 틀린 대답을 하는 경우가 줄어 듭니다. 물론 소설로 바로 활용하려면 문체 조절, 대화 방식 구성, 이야기의 완급 조절 등을 해야겠지만, 소설의 초안이나 아이디어를 정리하는 데는 굉장히 뛰어난 사용성을 보여 줍니다. 그렇다면 시(poem)는 어떨까요?

🍯 챗GPT와 책을 쓸 수도 있어요!

요즈음 전자책과 웹소설 시장에서 챗GPT는 말 그대로 여러 반향을 일으키고 있습니다. 챗GPT가 공동 저자인 책도 많이 볼 수 있죠.

네이버에서 도서 검색을 하면 챗GPT가 저자로 등록된 책을 볼 수 있습니다.

아마존에서는 앞서 설명한 방식을 통해서 만든 아동 도서들이 이미 판매되고 있습니다.

아마존(www.amazon.com/)에서 아동 도서 카테고리를 선택한 후 저자를 gpt로 검색한 결과

시 창작하기

시는 소설보다 은유와 비유를 많이 사용하고 내용을 함축하며, 운율 등을 강조합니다. 이런 특징 때문에 챗GPT가 시를 쓰는 것이 불가능하다고 의심할 수 있는데요. 예시를 통해 챗GPT가 시적인 표현까지도 자연스럽게 생성할 수 있는지 알아보겠습니다.

 '사랑'을 '자연'에 비유해서 시를 한 편 써줄 수 있어?

 사랑은 숲속의 바람처럼
사랑은 숲속의 바람처럼,
잎새를 살며시 어루만지며 속삭이는,
그 은밀한 속삭임에 마음이 흔들리고,
그 잔잔한 울림에 마음이 노래하네.

(… 중략 …)

사랑은 자연의 모든 것 속에 스며들어,
우리의 삶을 풍요롭게 하고,
그 끝없는 순환 속에서,
영원히 우리 곁에 머무르리.

은유(metaphor)를 더 많이 이용해서 수정해 줄 수 있어?

 사랑은 숲속의 은밀한 속삭임,
잎새를 흔드는 부드러운 손길,
그 손길이 마음을 스치며,
잔잔한 바람이 영혼을 춤추게 하네.

(… 중략 …)

사랑은 자연의 모든 은유,
우리의 삶을 풍요롭게 하는 노래,
그 끝없는 순환 속에서,
영원히 우리를 감싸주리.

 이 시의 운율을 맞춰서 적어 줘.

 사랑은 숲속의 속삭임,
잎새 흔드는 손길의 흠,
그 손길이 마음을 스치며,
바람이 영혼을 춤추게 하네.

(… 중략 …)

사랑은 자연의 은유,
삶을 풍요롭게 하는 흐름의 유,
끝없는 순환 속에서,
영원히 우리를 감싸주리.

 네가 적어 준 시를 해석해 줘.
어떤 내용을 함축해서 사용했는지, 어떤 것을 은유와 비유로 표현했는지 궁금해.

 해석과 분석
이 시는 사랑을 다양한 자연 요소에 비유하여 그 아름다움과 복잡성을 표현하고 있습니다. 각 연마다 사랑을 다른 자연 현상이나 요소로 은유하며, 사랑이 어떻게 우리의 삶에 스며들고 영향을 미치는지를 묘사하고 있습니다.

1연: 사랑은 숲속의 속삭임

- 비유: "사랑은 숲속의 속삭임"
  - 사랑을 숲속에서 부드럽게 들려오는 속삭임에 비유함으로써, 사랑이 은밀하고 섬세하게 우리에게 다가오는 모습을 묘사하고 있습니다.
- 은유: "잎새 흔드는 손길의 흠"
  - 사랑을 나뭇잎을 살며시 흔드는 손길로 표현하여, 사랑의 부드럽고 자연스러운 움직임을 나타냅니다.

(… 중략 …)

종합적 의미

이 시는 사랑이 마치 자연처럼 다채롭고 변화무쌍하며, 우리의 삶에 깊숙이 뿌리내리고 있음을 다양한 비유와 은유를 통해 표현하고 있습니다. 사랑의 다양한 측면을 자연의 여러 요소에 비추어 설명함으로써, 독자가 사랑의 복잡성과 아름다움을 새롭게 느낄 수 있도록 합니다.

이 대화 예시를 통해서 챗GPT가 시를 쓰는 것을 볼 수 있습니다. GPT-3.5에서는 운율을 맞추거나 내용을 함축하는 답변이 사람이 쓴 시에 비해 아직 부족한 점이 많았지만, GPT-4 이후부터는 내용을 함축하고, 운율을 맞추는 것까지 능숙하게 해나갑니다. 그럼 이번에는 영어로 작성하면서도 유명한 시인의 스타일을 참고해서 답변해 달라고 해보겠습니다. 수준급의 답변을 받기 위해 요청까지 영어로 해보겠습니다.

 Write the poem which has the message 'Love is Nature'.
Let's cherish these moments
use some metaphors and symbols like nature(Wind, Sunset or Sunrise, Dawn, Ocean etc), Book(Pen, paper etc)
in the style of 'The Road Not Taken' written by Robert Frost

 In the hush of dawn, where the sun begins to rise,
And the sky whispers secrets to the morn,
There lies a tale etched in the skies,
Of love, by Nature's hand, newly born.

(… 중략 …)

> For love is Nature, wild and free,
> In every breath and bloom,
> A timeless, boundless mystery,
> In which our hearts find room.

영문 원문을 읽어 보니 챗GPT가 rise – skies, morn – born 등 운율을 맞춰 시를 썼습니다. 웬만한 사람 이상으로 잘 쓰고 있죠. 이제 시를 쓰는 것도 사람의 전유물인 시대는 아닌 것 같네요.

요약 정리! ✎

문장 생성 요청하기

❶ 특정 부분을 강조하고 싶을 때 작은따옴표 ' ', 큰따옴표 " " 외에 소괄호 ( ), 중괄호 { }, 대괄호 [ ] 등을 이용할 수 있다.

❷ '이어 써줘.' 등으로 이어 적는 것을 요청할 수 있다.

❸ GPT-4부터는 한국어도 충분히 잘 인지하고 답변한다. GPT-3.5는 여전히 요청한 언어에 따라 질적 차이가 크다.

02-4

정보를 요약해 줄래?

다음으로 정보를 요약하는 기능을 알아보겠습니다. 사업이나 마케팅을 할 때 또는 데이터 분석, 논문 작성을 하려면 정말 많은 자료를 찾고 또 읽어야 합니다. 이럴 때 챗GPT로 내용을 요약하면 시간을 크게 아낄 수 있죠.

보고서 요약하기 — 파일 첨부

챗GPT에게 보고서 자료를 제공해 주고 요약해 달라고 할 수도 있습니다. 국회전자도서관에 비치된 식량 안보 관련 자료를 주고 요약하라고 요청하겠습니다.

이전과는 달리, 무료 사용자들도 챗GPT에 파일을 첨부해 활용할 수 있게 되면서 엄청난 생산성의 차이를 체감할 수 있습니다. 사용 방법과 함께 결과물을 보겠습니다. 채팅 입력 창 왼쪽에 있는 클립 모양의 아이콘을 클릭하고 파일을 업로드하면 됩니다.

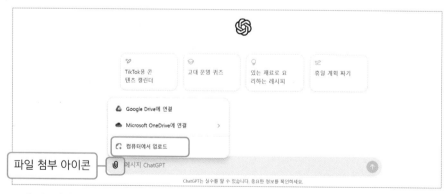

▶ 내 컴퓨터에 있는 파일은 물론 구글 드라이브, 마이크로소프트의 원드라이브에 있는 파일도 활용할 수 있으니 자유롭게 선택하세요.

파일을 선택하면 다음과 같은 화면이 출력되는데, 프롬프트를 바로 입력하면 됩니다.

 첨부 파일의 내용을 요약해 줘.

 요약: 식량안보, 솔직한 논의와 진정한 대책

1. 또다시 달아오른 식량안보 논란
• 농업 생산성이 높아지고 자유무역협정(FTA)과 WTO 체제 덕분에 식량문제가 사라진 것처럼 보였으나, 팬데믹과 우크라이나 전란으로 식량안보 문제가 다시 부각됨.
• 과거에도 비슷한 위기 상황에서 식량자급률 제고, 해외 농업개발, 국제 곡물 사업 등이 논의되었으나 실효성 있는 대책이 부족함.

(… 중략 …)

5. 위기 대응
• 장기적 부족 상황과 일시적 공급부족 상황을 구분하여 대처해야 함.
• 필수 농산물 비축제도를 확실히 구축하고, 국가 간 협력체계를 강화하여 위기 상황에 대비해야 함.
• 비축 농산물의 관리와 방출을 효율적으로 운용할 수 있는 시스템을 마련해야 함.
이 보고서는 식량안보 문제의 현실을 직시하고, 지속 가능한 농업경영과 스마트농업 전환, 효율적인 비축제도 등을 통해 식량안보를 강화하는 방안을 제시하고 있습니다.

▶ 출처: 국회전자도서관

챗GPT가 첨부 파일에 들어 있는 식량 안보 관련 자료를 효과적으로 요약해 준 것을 확인할 수 있습니다. 원문 자료도 잘 정리되어 있지만 챗GPT의 요약본을 보면 전체 내용을 더 빨리 파악할 수 있습니다.

요약 정리! ✎

정보 요약하기

❶ 방대한 데이터를 요약할 시간이 없다면 챗GPT를 활용해 보자.
❷ 챗GPT에 PDF나 워드 파일을 첨부해서 데이터를 입력하고 대화를 진행할 수 있다.

02-5

질문에 대답해 줘

이번에는 챗GPT가 질문에 답변하는 능력을 테스트해 보겠습니다. 이런 질문은 앞으로 많이 사용할 것이므로 챗GPT의 대답에서 주의할 부분을 꼭 알아 둡시다.

가까운 과거 질문하기

먼저 2020년에 발생했던 큰 사건 3가지를 물어보겠습니다.

 2020년에 있었던 3가지 큰 사건에 대해서 이야기해 줘.

 2020년은 전 세계적으로 큰 영향을 미친 사건들이 많이 발생한 해였습니다. 그 중에서도 특히 중요한 세 가지 사건은 다음과 같습니다:

1. 코로나19 팬데믹:
2020년 초, 중국 우한에서 시작된 코로나바이러스 감염증-19(COVID-19)가 전 세계로 확산되었습니다. 이로 인해 전 세계적으로 수백만 명이 감염되고 사망하였으며, 각국은 봉쇄 조치, 사회적 거리두기, 마스크 착용 의무화 등의 방역 조치를 시행했습니다. 팬데믹은 경제, 교육, 일상 생활 등 모든 분야에 큰 영향을 미쳤습니다. 많은 나라에서 경제 활동이 위축되고 실업률이 급증했으며, 비대면 수업과 재택근무가 일상화되었습니다.

2. 미국 대선과 정치적 격변:
2020년 11월 3일, 미국에서는 대통령 선거가 치러졌습니다. 조 바이든(Joe Biden) 민주당 후보가 현직 대통령 도널드 트럼프(Donald Trump)를 꺾고 승리하였습니다. 이 선거는 미국 역사상 가장 높은 투표율을 기록했으며, 우편 투표의 대규모 사용으로 인해 개표 과정이 지연되었습니다. 트럼프 대통령은 선거 결과에 불복하고 여러 주에서 법적 소송을 제기했지만, 결국 바이든이 제46대 대통령으로 당선되었습니다. 이 선거는 미국 내 정치적 분열과 긴장을 더욱 부각시켰습니다.

3. 조지 플로이드 사망 사건과 블랙 라이브스 매터(BLM) 운동:
2020년 5월 25일, 미국 미네소타주 미니애폴리스에서 조지 플로이드가 경찰 체포 과정에서 사망한 사건이 발생했습니다. 이 사건의 비디오가 공개되면서 전 세계적으로 큰 반향을 일으켰고, 인종 차별과 경찰 폭력을 반대하는 블랙 라이브스 매터(BLM) 운동이 전개되었습니다. 미국 전역은 물론 전 세계 여러 나라에서 대규모 시위와 항의가 이어졌으며, 이로 인해 경찰 개혁과 사회 정의에 대한 논의가 활발하게 이루어졌습니다.

이 외에도 2020년에는 호주 산불, 베이루트 항구 폭발 사고, 나고르노-카라바흐 분쟁 등 여러 큰 사건들이 발생했습니다.

챗GPT의 답변을 아직 100% 신뢰할 수 없으니 이 정보들이 실제로 있었는지 확인해 보겠습니다. 인터넷에서 검색해 보니 첫 번째 사건인 COVID-19 팬데믹, 두 번째 사건인 2020년 미국 대통령 선거, 세 번째 사건인 블랙 라이브스 매터 운동 모두 2020년에 발생했고, 내용도 제대로 정리해 준 것으로 확인되네요. 챗GPT가 질문을 옳게 파악한 것으로 생각됩니다.

먼 과거 질문하기

이번에는 아주 옛날에 있었던 역사 내용을 질문해 보겠습니다. 조선을 건국한 왕과 조선 역대 왕들을 목록으로 보여 달라고 물어볼게요.

 조선을 건국한 왕이 누군지 알 수 있어?
그리고 조선시대 역대 왕들 목록을 순서대로 정리해 줘.

조선을 건국한 왕은 태조 이성계입니다. 그는 1392년에 조선을 건국하였으며, 이후 조선은 500여 년 동안 지속된 왕조입니다.

조선시대 역대 왕들의 목록을 순서대로 정리하면 다음과 같습니다:

1. 태조 (이성계) - 재위: 1392-1398
2. 정종 (이방과) - 재위: 1398-1400
3. 태종 (이방원) - 재위: 1400-1418
4. 세종 (이도) - 재위: 1418-1450

(··· 중략 ···)

5. 고종 (이명복) - 재위: 1863-1907
6. 순종 (이척) - 재위: 1907-1910

고종 때 대한제국이 선포되면서 조선왕조는 대한제국으로 바뀌게 되었고, 순종이 마지막 황제로 즉위한 이후 1910년 일제강점기가 시작되면서 조선 왕조는 공식적으로 끝났습니다.

조선시대의 왕의 재위 순서뿐 아니라, 이름까지 이야기해 줍니다. 하지만 이 내용을 그대로 복사해서 어딘가에 답변으로 사용하기엔 문제가 있습니다. 중간중간 바뀐 이름이 들어가 있기 때문이죠. 이는 챗GPT의 원리가 인터넷에 있는 자료를 기반으로 답변하는 것이므로, 원본 자료가 틀리면 답변도 틀려버리기 때문입니다.

따라서 챗GPT의 답변을 완전히 신뢰해서는 안 되며 한 번 더 검토해야 합니다. 챗GPT는 질문에 대답하는 인공지능 모델일 뿐 정답을 말해 주는 사전이 아니라는 점을 늘 명심하세요!

2024년에 일어난 일 질문하기

앞서 먼 과거를 물어봤으니 최근에 일어난 일을 질문해 보죠.

 2024년에 있었던 큰 사건 3가지를 이야기해 줘.

 2024년에는 세계적으로 중요한 사건들이 여러 차례 발생했습니다. 그 중 세 가지 주요 사건은 다음과 같습니다.

1. 일본 지진: 2024년 1월 1일, 일본 서해안에서 규모 7.6의 강진이 발생했습니다. 이 지진으로 약 120명이 사망하고 100명 이상이 부상을 입었습니다 (Time Out Worldwide).

2. 영국 총선: 2024년 7월 4일, 영국에서 중요한 총선이 열렸습니다. 이번 선거는 유럽 축구 선수권 대회(Euro 2024) 및 윔블던 테니스 대회와 같은 주요 스포츠 행사와 겹쳐 진행되어 많은 주목을 받았습니다 (Visit Austin).

3. 미국의 개기일식: 2024년 4월 8일, 미국 텍사스주 오스틴을 포함한 북미 지역에서 개기일식이 관측되었습니다. 이는 수백 년 만에 한 번 있는 특별한 천문 현상으로 많은 사람들이 이를 보기 위해 모였습니다 (Visit Austin).

이 외에도 2024년에는 여러 가지 정치적, 사회적, 자연 재해가 전 세계적으로 발생하였으며, 이는 각국의 상황에 큰 영향을 미쳤습니다.

이 프롬프트를 입력하면 챗GPT는 인터넷에 해당 내용을 검색하고 질문한 내용에 대해 답변합니다. 챗GPT가 웹 검색도 해주므로 검색이 필요한 내용이 있으면 검색을 요청해도 됩니다.

과학 현상 질문하기

이번에는 과학 분야를 질문해 보겠습니다. 과학 문제는 정답이 정해져 있는 경우가 많으니 신뢰성을 테스트해 보기 좋을 것 같네요.

 물 한 컵에 얼음을 넣었다. 이 얼음이 모두 녹았을 때 물의 높이는 어떻게 될까?

 물 한 컵에 얼음을 넣고 얼음이 모두 녹았을 때 물의 높이에 대해 설명드리겠습니다.

얼음은 물보다 밀도가 낮아 물 위에 뜹니다. 물 속에 잠긴 얼음의 부피는 얼음이 물에 뜨게 하는 부력의 원리에 따라 결정됩니다. 물에 떠 있는 얼음의 부피는 그 얼음이 밀어낸 물의 부피와 동일합니다.

즉, 물 속에 잠긴 얼음의 부피는 얼음의 전체 부피 중 일부이며, 이 부피는 얼음이 녹아 물이 되었을 때 차지하게 되는 부피와 같습니다. 따라서 얼음이 녹더라도 그 부피만큼 물의 높이에 변화를 주지 않습니다.

결론적으로, 물 한 컵에 얼음을 넣고 얼음이 모두 녹았을 때 물의 높이는 변하지 않습니다.

실제로 얼음이 녹는다고 해도 컵 안의 물의 높이는 변하지 않으며, 얼음이 물보다 밀도가 낮아 물 위에 뜬다는 사실을 답변으로 알려 줍니다. 그에 관련된 과학적인 이유도 구체적으로 설명해서 알려 주고 있죠.

챗GPT와 끝말잇기 놀이하기

이번에는 챗GPT와 끝말잇기를 해보겠습니다. 끝말잇기는 규칙이 정해져 있는 놀이죠. 챗GPT가 단어 문제를 어떻게 해결하는지 알아보겠습니다.

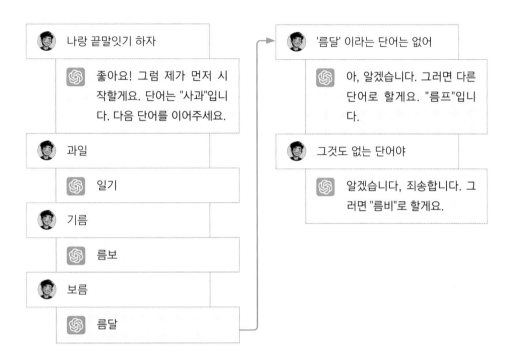

챗GPT가 처음에는 끝말잇기를 순탄하게 이어나가는 것 같더니 '기름-보름'이라는 단어가 나오면서 '름달'이라는 없는 말을 생성하기 시작했습니다. 이처럼 아직 챗GPT의 대답을 모두 신뢰할 수는 없습니다.

앞으로 챗GPT를 사용하다 보면 여실히 느끼겠지만, 바로 앞의 예시처럼 챗GPT는 '정답'을 말하는 것이 아니라 '대답'하는 인공지능이라는 점을 꼭 유의하세요.

요약 정리! ✏️

질문에 답변 요청하기
❶ 챗GPT는 질문에 답변해 주기는 하지만 그 대답이 정답이 아닐 수도 있다.
❷ 특히 역사나 수학, 과학 분야 등에서는 사실을 꼭 확인해야 한다.
❸ 챗GPT는 2021년 9월까지의 데이터까지만 접근할 수 있다.
❹ 그러나 기존의 데이터를 기반으로 미래의 상황을 추측할 수 있다.

02-6

챗GPT에게 상담 받기

01-3절에서 사람이 사용하는 언어를 '자연어'라고 하며 챗GPT는 자연어 처리를 잘한다고 설명했습니다. 사람은 일상적인 대화를 나눌 때 자연어를 가장 많이 사용하죠. 이번에는 챗GPT를 친구라고 생각하고 평상시처럼 대화를 나눠 보겠습니다.

진로 상담하기

상담 주제는 '진로 선택'입니다. 우리는 살아가면서 다양한 기로에 서서 어떤 선택을 할지 고민하죠. 이번에는 친구나 선배와 대화하듯이 챗GPT에게 진로 상담을 받아 보겠습니다.

 어떤 진로를 선택해야 할지 모르겠어.
잘하는 것도 없고, 딱히 하고 싶은 것도 없어.
하지만 이렇게 살고 싶지는 않은데 어떻게 하면 좋을까?

 진로 선택은 많은 사람들에게 어려운 문제입니다. 특히 자신이 잘하는 것이나 하고 싶은 것이 명확하지 않을 때는 더욱 그렇습니다. 몇 가지 단계로 진로 탐색을 도와드릴 수 있을 것 같습니다.

1. 자기 이해
먼저 자신을 이해하는 것이 중요합니다. 아래의 질문들을 통해 자기 이해를 돕는 작업을 해보세요.

(… 중략 …)

6. 유연한 태도 유지
진로는 한 번에 결정되는 것이 아니며, 여러 번의 수정과 보완을 거칠 수 있습니다.
유연한 태도로 다양한 가능성을 열어두세요.

결론
진로 선택은 개인적인 과정입니다. 이 과정에서 자신을 잘 이해하고, 다양한 경험을
쌓으며, 전문가의 도움을 받는 것이 중요합니다. 너무 조급해하지 말고 차근차근 나
아가다 보면 자신에게 맞는 길을 찾을 수 있을 것입니다.

 네가 알려 준 6가지 방법을 통해서 좋은 진로를 찾을 수 있을까?

 네, 제가 제안한 6가지 방법은 많은 사람들이 자신의 진로를 찾는 데 도움이 된다고
보고된 일반적인 접근법입니다. 물론 각자의 상황과 개인적인 특성에 따라 결과는
다를 수 있지만, 이 방법들은 다음과 같은 이유로 효과적일 수 있습니다.

1. 자기 이해
자신의 흥미, 가치, 강점을 이해하면 자신에게 맞는 진로를 찾는 데 큰 도움이 됩니
다. 이는 자신의 성향에 맞는 일을 찾는 첫걸음이 됩니다.

(…중략 …)

6. 유연한 태도 유지
진로는 한 번에 결정되는 것이 아니라, 여러 번 수정하고 보완해 나가면서 자신에게
맞는 길을 찾는 과정입니다. 유연한 태도를 유지하면 변화와 새로운 기회를 긍정적
으로 받아들일 수 있습니다.

(… 중략 …)

결론
따라서, 제안한 6가지 방법을 통해 자신에게 맞는 진로를 찾을 가능성은 매우 높습
니다. 중요한 것은 각 단계를 성실하게 수행하면서 자신에게 맞는 방향을 찾아가는
것입니다. 시간을 가지고 천천히, 그러나 꾸준히 진행해 나가면 분명히 좋은 결과를
얻을 수 있을 것입니다.

노력과 시간을 투자하기에는 시간이 너무 부족해.

 시간이 부족한 상황에서 진로를 찾는 것은 어려울 수 있지만, 몇 가지 전략을 통해 시간을 효율적으로 사용하고 빠르게 진로를 탐색할 수 있습니다. 다음은 바쁜 일정 속에서도 실천할 수 있는 방법들입니다.

1. 우선순위 설정
진로 탐색을 위한 활동을 일상 생활에서 중요한 부분으로 만들 필요가 있습니다. 우선순위를 정하고 진로 탐색에 시간을 투자하는 것이 중요합니다.

(… 중략 …)

6. 즉각적인 피드백 받기
빠르게 피드백을 받을 수 있는 방법을 활용하세요.
- 빠르게 진로 상담을 받아보세요 (학교, 직업 상담 센터 등).
- 온라인 커뮤니티에서 조언을 구해보세요.

결론
시간이 부족한 상황에서도 전략적으로 접근하면 진로 탐색을 효과적으로 할 수 있습니다. 중요한 것은 꾸준히 작은 노력이라도 지속하는 것입니다. 이렇게 하면 점차적으로 자신에게 맞는 진로를 찾아갈 수 있을 것입니다.

 작은 목표 설정하는 방법이 좋을 것 같네. 어떻게 시작하면 될까?

 작은 목표를 설정하는 것은 큰 변화나 목표를 달성하는 데 중요한 첫걸음입니다. 다음은 진로 탐색을 위한 작은 목표를 설정하고 시작하는 방법입니다.

1. 진로 탐색의 큰 그림 그리기
먼저 큰 목표를 설정합니다. 예를 들어, "3개월 안에 진로를 결정한다" 같은 목표를 세워보세요. 그런 다음 이 큰 목표를 작은 단계로 나눕니다.

(… 중략 …)

6. 보상 시스템 도입
작은 목표를 달성할 때마다 자신에게 보상을 주어 동기 부여를 유지합니다.
- 자기 보상: 예를 들어, 목표를 달성했을 때 좋아하는 음식 먹기, 영화를 보기.
- 사회적 보상: 친구나 가족과 함께 목표 달성을 축하하기.

> (… 중략 …)
>
> 이러한 작은 목표를 통해 꾸준히 진로 탐색을 진행하면, 시간의 부족함 속에서도 효과적으로 진로를 찾을 수 있을 것입니다.

전반적으로 진로를 설계하는 데 필요한 여러 가지 방법론을 이야기하고, 추가로 질문하면 이전 대화의 맥락을 인지하고 답변해 줍니다. 또한 작은 목표를 설정하는 방식을 선택했을 때 좀 더 자세한 답변도 해주는 식으로 진행하고 있죠.

자녀 교육 상담하기

이번에는 챗GPT에게 좀 더 자세한 정보를 제공하면서 상담을 받아 보겠습니다. 주제는 '자녀의 초등학교 입학'입니다. 아이가 초등학교에 진학할 때 어떤 것을 준비해야 할지, 학교에서 무슨 일이 있지는 않을지, 무슨 일이 있다면 또 어떻게 해야 할지 등을 챗GPT에게 물어보겠습니다.

 내 아이가 이제 초등학교에 진학하게 되었어.
어떤 걸 준비하면 좋을까?

 아이의 초등학교 입학을 축하드립니다! 초등학교에 처음 진학하는 아이를 위해 다양한 준비가 필요할 수 있는데, 다음은 도움이 될 만한 몇 가지 사항입니다:

필수 준비물
1. 교복 및 체육복: 학교에서 요구하는 교복과 체육복을 준비합니다.
2. 책가방: 아이의 신체에 맞는 책가방을 준비합니다. 편안하고 무게가 적당한 것이 좋습니다.
3. 학용품:
   ○ 공책, 연필, 지우개, 자 등 기본 학용품
   ○ 색연필, 사인펜 등 미술 도구
   ○ 가위, 풀 등 만들기 도구
4. 실내화: 교실에서 사용할 실내화를 준비합니다.

(… 중략 …)

아이의 성격과 특성에 따라 준비할 사항이 조금씩 다를 수 있지만, 위의 기본적인 사항들을 잘 준비해주시면 큰 도움이 될 것입니다. 학교 생활이 즐겁고 유익한 시간이 되길 바랍니다!

 초등학교 첫날에 준비해야 할 게 뭐가 있을까?

 초등학교 첫날에 준비해야 할 것들을 정리해보았습니다. 다음 사항들을 참고하시면 도움이 될 것입니다.

필수 준비물
1. 책가방: 가방에 모든 준비물을 넣어줍니다.
2. 학용품: 필통에 연필, 지우개, 색연필 등을 챙깁니다.
3. 노트와 파일: 필요한 공책과 파일을 준비합니다.
4. 실내화: 학교에서 사용할 실내화를 챙겨갑니다.
5. 물통: 물이나 음료를 넣어갈 물통을 준비합니다.
6. 명찰: 아이의 이름과 반, 연락처가 적힌 명찰을 착용합니다.

(… 중략 …)

마음의 준비
1. 학교에 대한 긍정적인 이야기: 아이가 학교에 대한 긍정적인 인식을 가질 수 있도록 이야기해줍니다.
2. 학교에서의 하루 예상: 첫날 학교에서 어떤 일이 있을지 설명해주고, 어떤 활동을 할지 예상해봅니다.
3. 자립심 강화: 스스로 할 수 있는 일들을 알려주고, 스스로 해결할 수 있도록 격려합니다.
첫날은 긴장되고 설레는 날이므로, 아이가 편안하게 학교 생활을 시작할 수 있도록 도와주는 것이 중요합니다. 아이가 즐겁고 성공적인 첫 학교 생활을 할 수 있길 바랍니다!

 내 아이가 첫날에 잘 적응할 수 있겠지? 잘 적응하지 못하면 어떻게 해야 할까?

 아이의 초등학교 첫날에 대한 걱정은 당연한 것입니다. 아이가 잘 적응할 가능성이 높지만, 혹시 적응하지 못하는 경우를 대비해 몇 가지 조언을 드리겠습니다.

첫날 잘 적응할 수 있도록 돕기
1. 긍정적인 태도: 학교에 대해 긍정적인 이야기를 많이 해주고, 재미있는 활동과 새로운 친구들을 만나게 될 것이라는 기대감을 심어줍니다.

2. 일상 예행 연습: 학교로 가는 길을 미리 함께 다니고, 학교에서 어떤 활동을 할지 예행연습을 해봅니다.
3. 친구 사귀기: 미리 이웃 아이들과 놀면서 친해지게 하면 학교에서도 덜 낯설게 느껴질 것입니다.
4. 자립심 키우기: 스스로 해결할 수 있는 작은 일들을 연습시켜 자립심을 키워줍니다.

적응하지 못할 경우의 대처법
1. 이해와 공감: 아이가 학교에서 겪은 어려움을 잘 들어주고 공감해줍니다. 아이의 감정을 인정하고 이해해주는 것이 중요합니다.
2. 일정 시간 주기: 모든 아이가 바로 적응하지는 않습니다. 일정 기간 동안 아이가 적응할 시간을 주고, 급하게 판단하지 않습니다.
3. 교사와의 소통: 담임 선생님과 자주 소통하여 아이의 학교 생활과 적응 상황을 파악합니다. 선생님의 조언을 듣고 협력합니다.
4. 긍정적인 피드백: 작은 성취에도 칭찬하고 격려해줍니다. 긍정적인 피드백은 아이의 자신감을 키워줍니다.
5. 심리적 지원: 필요하다면 학교 상담실이나 외부의 아동 상담 전문가의 도움을 받을 수 있습니다.

(… 중략 …)

아이의 성향과 적응 속도는 다를 수 있으므로 부모로서 차분하고 꾸준하게 지원해주는 것이 중요합니다. 아이가 새로운 환경에 적응하는 과정을 지켜보며 격려해주는 부모의 역할이 큰 힘이 될 것입니다.

 아이가 또래보다 키가 작아. 아이가 만날 수 있는 문제는 뭐가 있을까?

 키가 또래보다 작은 아이가 학교 생활에서 겪을 수 있는 문제와 이를 해결하는 방법을 알아보겠습니다.

아이가 만날 수 있는 문제
1. 자존감 문제: 다른 아이들과 비교하며 자존감이 낮아질 수 있습니다.
2. 따돌림이나 놀림: 키가 작다는 이유로 다른 아이들에게 놀림을 당하거나 따돌림을 당할 수 있습니다.
3. 체육 활동 참여 어려움: 체육 시간에 키가 작은 것 때문에 특정 활동에서 어려움을 겪을 수 있습니다.
4. 의사소통의 어려움: 친구들과의 대화나 활동에서 신체적인 차이로 인해 소외감을 느낄 수 있습니다.

5. 교사의 인식: 때로는 교사들이 무의식적으로 아이의 능력을 과소평가할 수 있습니다.

(… 중략 …)

이와 같은 방법들을 통해 아이가 키로 인한 문제를 극복하고, 자신감을 갖고 학교 생활을 할 수 있도록 도와줄 수 있습니다. 가장 중요한 것은 아이에게 긍정적인 지지와 사랑을 지속적으로 보여주는 것입니다.

 아직 한글을 다 떼기 전인데 괜찮을까?

 아이가 초등학교에 입학하기 전, 한글을 완벽하게 떼지 않은 상태라면 약간의 어려움을 겪을 수 있지만, 이는 크게 걱정할 필요는 없습니다. 초등학교 1학년에서는 한글을 배우는 과정을 포함하고 있기 때문에, 입학 후에도 충분히 배워나갈 수 있습니다. 아래에 몇 가지 유용한 조언을 드리겠습니다.

한글 학습 지원 방법
1. 읽기와 쓰기 연습:
    o 매일 짧은 시간이라도 꾸준히 읽기와 쓰기 연습을 합니다.
    o 재미있는 동화책이나 만화책을 읽게 하고, 간단한 글을 따라 쓰게 합니다.
2. 놀이를 통한 학습:
    o 한글을 배울 수 있는 다양한 놀이 활동을 활용합니다. 예를 들어, 한글 카드 놀이, 한글 퍼즐 등을 통해 재미있게 학습할 수 있습니다.
    o 한글 교육 앱이나 온라인 자원들을 활용해 아이의 관심을 끌어봅니다.

(… 중략 …)

아이가 한글을 완벽하게 떼지 않은 상태에서 입학하더라도, 부모님의 지지와 학교의 도움을 받으면 충분히 잘 적응할 수 있습니다. 중요한 것은 아이가 학습에 대한 자신감을 가지고 긍정적인 태도로 학교 생활을 할 수 있도록 도와주는 것입니다.

앞서 진로 상담에서 일반적인 이야기를 했다면, 자녀 교육 상담에서는 좀 더 구체적인 상황을 제공했습니다. 챗GPT 또한 앞의 예시보다 더욱 구체적으로 대답하는 것을 볼 수 있습니다. 이렇듯 상세한 정보를 제공하면 챗GPT는 그 맥락에 맞춰서 대답해 줍니다.

추천 질문부터 상담까지 챗GPT와 대화한 내용을 보면, 챗GPT는 사람이 인지하는 분야에서 거의 대부분 맥락에 맞춰 대답해 준다는 것을 확인할 수 있습니다. 광범위한 주제부터 지극히 개인적인 주제까지 말이죠.

물론 아직은 환각 현상이 일어나는 경우가 팽배해서 신뢰도를 높이려면 여러 가지 검증을 거쳐야 합니다. 그러나 사람이 어떤 분야를 처음 접할 때 학습해야 하는 시간이 반드시 필요한데, 챗GPT가 그 시간을 획기적으로 단축해 준다는 점은 틀림없습니다. 예를 들어 소설을 쓸 때 초안을 잡는다거나 특정 정보를 요약할 때 쉽게 운을 뗄 수 있고, 상담을 통해서 개인 문제를 해결할 실마리를 찾아낼 수도 있습니다.

지금까지 챗GPT와 대화한 내용을 종합해 봤을 때, 현재의 챗GPT는 아직 주력 도구로 사용하기에는 부족한 점이 많지만 보조 도구로써는 확실히 높은 효율을 보여 준다고 할 수 있습니다.

요약 정리!

❶ 챗GPT는 이전 대화의 맥락을 이해하고 답변해 준다.
❷ 구체적인 상황을 제시하면 챗GPT 역시 더욱 자세하게 대답한다.

02-7

나만의 챗봇, GPTs

은행이나 기타 서비스에서 전화 상담을 연결했을 때 AI가 상담을 대신한 경험이 있나요? 이런 프로그램을 챗봇(chatbot)이라고 하는데요. 최근 들어 챗봇을 만나는 빈도가 더 많아졌다는 것을 체감할 수 있을 겁니다. 챗봇은 인공지능이 특정 역할을 대신해 사용자와 대화하고 답변하는 것을 의미합니다.

SKT의 챗봇 서비스인 에이닷. 출처: SKT 홈페이지

챗봇은 공통적으로 활용 목적과 목적에 응하는 특정 지식을 가지고 있습니다. 은행의 챗봇은 금융 관련 상담을 대신할 수 있도록 금융 지식을 갖고 있고, 통신사의 챗봇은 통신 관련 상담을 위해 탑재된 통신 지식을 바탕으로 상담을 해주죠. 이렇게 특정한 목적을 가진 챗봇을 누구나 사용할 수 있도록 오픈AI가 GPTs라는 시스템을 개방하면서 많은 반향을 일으켰습니다. 괜찮은 챗봇을 찾아서 사용하는 것만으로도 생산성이 올라가죠. 그럼 GPTs 사용법을 하나씩 알아보겠습니다.

하면 된다! ⟩ 사람들이 만들어 둔 챗봇 사용하기

대화형 인공지능이라고 하면 챗GPT와 비슷하다고 생각할 수 있습니다. 하지만 내가 원하는 기능과 원하는 답변이 나오는 '나만의 챗봇'을 만든다는 점에서 챗GPT와 다릅니다. 게다가 GPTs 기능을 이용하면 직접 코딩하지 않아도 챗봇을 쉽게 만들 수 있죠.

01. 왼쪽 사이드 바에 있는 [GPT 탐색]을 클릭합니다.

02. 챗봇을 검색할 수 있는 GPT 화면이 출력됩니다. 여기서 여러분이 원하는 GPT 챗봇을 찾아 사용할 수 있습니다.

03. 저는 종종 [Hot Mods]라는 챗봇을 사용합니다. 기존에 있는 이미지를 좀 더 역동적이고 멋있게 바꿔주는 챗봇인데요. 오픈AI의 챗GPT 팀이 공식적으로 만든 챗봇 중 하나죠.

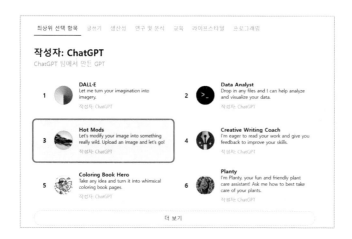

하면 된다! } 나만의 챗봇 만들기

01. ❶ 챗GPT 메인 화면에서 [GPT 탐색]을 눌러 GPT 화면으로 들어간 뒤 ❷ 오른쪽 상단에서 [만들기]를 클릭합니다.

▶ 나만의 챗봇은 플러스 요금제 이상의 유료 사용자만 만들 수 있습니다. 챗GPT 무료 사용자는 [만들기]를 클릭했을 때 플러스를 구독해야 한다는 안내가 나타납니다.

02. 원하는 챗봇 유형을 입력하면 챗GPT가 알아서 챗봇의 이름을 설정하고 예시를 보여 줍니다. 여기서는 한국어 번역 챗봇을 만들었습니다.

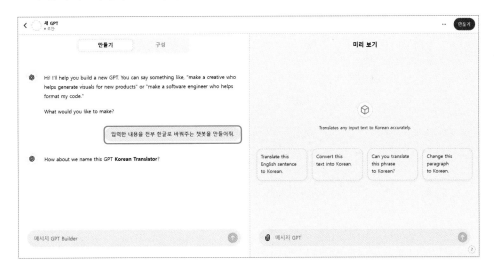

03. ❶ 여기서 챗GPT의 물음에 좋다고 답하면 알아서 챗봇의 아이콘까지 만들어 줍니다. 아울러 미리 보기 영역에서 GPT가 만들어 준 한글 전문 번역 챗봇을 확인할 수 있습니다. ❷ 이어서 [만들기]를 클릭하면 미리 보기 영역에 보이는 챗봇을 만들 수 있습니다.

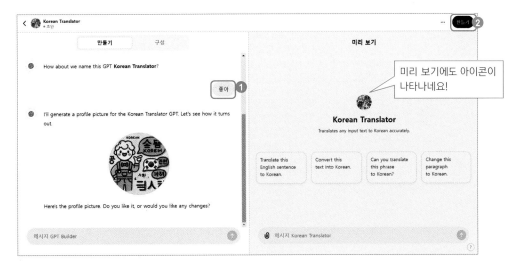

04. 만약 수정이 필요하다면 ❶ [구성] 탭을 클릭해 내용을 조금씩 보완하면 됩니다.
❷ 오른쪽 상단에 있는 [업데이트]를 클릭하면 챗봇 만들기 완성입니다.

이제 여러분이 직접 만든 챗봇을 손쉽게 이용할 수 있습니다.

내가 만든 챗봇 써보기

그럼 만든 챗봇을 한번 활용해 볼까요? 챗봇에 입력한 내용은 2005년 스티브 잡스의
스탠포드 대학교 연설문 중 일부입니다.

 Translate this English sentence to Korean.

 Sure, please provide the English sentence you'd like me to translate to Korean.

 I am honored to be with you today at your commencement from one of the finest universities in the world. I never graduated from college. Truth be told, this is the closest I've ever gotten to a college graduation. Today I want to tell you three stories from my life. That's it. No big deal. Just three stories.

(··· 중략 ···)

So I decided to drop out and trust that it would all work out OK. It was pretty scary at the time, but looking back it was one of the best decisions I ever made. The minute I dropped out I could stop taking the required classes that didn't interest me, and begin dropping in on the ones that looked interesting.

 오늘 여러분이 세계에서 가장 훌륭한 대학 중 하나를 졸업하는 자리에서 함께하게 되어 영광입니다. 저는 대학을 졸업하지 못했습니다. 사실, 오늘 이 자리가 제가 대학 졸업식에 가장 가까이 온 순간입니다. 오늘 저는 제 인생에서 세 가지 이야기를 여러분께 들려드리고자 합니다. 그게 전부입니다. 대단한 건 없습니다. 그냥 세 가지 이야기입니다.

(··· 중략 ···)

그래서 중퇴를 결심하고 모든 것이 잘될 것이라고 믿기로 했습니다. 그 당시에는 매우 두려웠지만, 되돌아보면 제가 내린 최고의 결정 중 하나였습니다. 중퇴하자마자 흥미롭지 않은 필수 과목을 그만둘 수 있었고, 흥미로워 보이는 수업에 청강으로 참여하기 시작했습니다.

▶ 스탠포드 연설문 전문 링크: tinyurl.com/36n2z59n

챗봇을 이용하니 연설문을 번역해 달라는 프롬프트를 따로 쓰지 않아도 챗GPT가 알아서 번역해 주네요. 이처럼 반복적으로 사용하는 프롬프트를 챗봇으로 만들어 두면 프롬프트를 작성하는 시간을 절약할 수 있습니다.

독자 분들을 위해 프롬프트를 정리해 둔 챗봇을 공유해 드립니다. 다음 링크에 접속하면 제가 만든 챗봇을 바로 사용할 수 있습니다.

• 챗봇 링크: bit.ly/chatbot_prompt

02-8

챗GPT를 잘 사용하는 6가지 꿀팁

챗GPT에게 구체적으로 물어보면 좋다고 하는데, 대체 어떻게 물어봐야 구체적인 걸까요? 챗GPT를 잘 사용할 수 있는 팁 6가지를 알려 드리겠습니다.

챗GPT, 너의 역할은….

챗GPT가 좀 더 전문가답게 대답하도록 하려면 챗GPT에게 역할을 부여해 주는 것이 좋습니다.

챗GPT는 여러 가지 역할을 할 수 있습니다.

역할을 부여하는 프롬프트는 다음처럼 입력하면 됩니다.

> 앞으로 질문할 때 많이 쓰는 방식이니 꼭 알아 두세요.

이렇게 써보세요!

지금부터 너는 (#직업명: 과학자, 회계사 등)이 되는 거야.
다음 질문에 대답해 줘.

질문과 관련된 영역의 직업명을 설정하고 이어서 질문 내용을 입력하면 됩니다. 이렇게 하면 챗GPT는 마치 전문가인 양 대답을 진행합니다.

맥락을 알려 주자

챗GPT는 문장의 앞뒤를 읽어 맥락을 파악합니다. 그 결과 질문의 답을 더욱 정확하게 찾아낼 수 있고 답변 방식도 달라지게 되죠. 이번에는 양자 컴퓨터를 설명해 달라고 해보겠습니다. 10살짜리 아이에게 설명할 수 있게끔 말이죠.

 양자 컴퓨터가 뭔지 말해 줘.

 양자 컴퓨터는 양자 역학의 원리를 이용하여 계산을 수행하는 컴퓨터입니다. 기존의 고전적인 컴퓨터와는 다른 방식으로 정보를 처리합니다. 여기에는 몇 가지 핵심 개념이 있습니다:

1. 큐비트(Qubit): 고전적인 컴퓨터는 정보를 0과 1의 이진 비트로 저장합니다. 양자 컴퓨터는 큐비트라는 단위를 사용합니다. 큐비트는 0과 1의 상태를 동시에 가질 수 있는 중첩(superposition) 상태를 가질 수 있습니다.
2. 중첩(Superposition): 큐비트는 0 또는 1의 상태뿐만 아니라 두 상태의 중첩 상태에 있을 수 있습니다. 이로 인해 양자 컴퓨터는 많은 경우를 동시에 계산할 수 있습니다.
3. 얽힘(Entanglement): 두 큐비트가 얽힌 상태가 되면, 하나의 큐비트의 상태를 측정하는 것이 다른 큐비트의 상태를 즉시 알게 해줍니다. 이 현상은 양자 컴퓨터의 병렬 처리 능력을 극대화하는 데 사용됩니다.
4. 양자 게이트(Quantum Gate): 양자 컴퓨터에서의 연산은 양자 게이트를 통해 수행됩니다. 이는 큐비트의 상태를 변경하거나 여러 큐비트를 얽히게 합니다.

양자 컴퓨터는 특정 유형의 문제를 해결하는 데 매우 강력할 수 있습니다. 예를 들어, 현재의 암호화 알고리즘을 빠르게 풀 수 있는 능력이나, 복잡한 최적화 문제를 효율적으로 해결할 수 있는 잠재력이 있습니다. 그러나 현재의 기술로는 양자 컴퓨터를 상용화하기 위해 해결해야 할 많은 기술적 도전 과제가 있습니다.

 10살 아이에게 설명할 수 있게 이야기해 줘.

 양자 컴퓨터를 10살 아이에게 설명할 때는 복잡한 과학 용어를 피하고, 친숙한 비유를 사용하는 것이 좋습니다. 이렇게 설명할 수 있습니다:

양자 컴퓨터는 우리가 흔히 사용하는 컴퓨터와는 조금 다른 특별한 컴퓨터야. 우리가 사용하는 컴퓨터는 정보를 0과 1이라는 숫자로 기억해. 예를 들어, 컴퓨터가 어떤 정보를 기억할 때 0 또는 1 중 하나를 선택해야 해.

그런데 양자 컴퓨터는 '큐비트'라는 특별한 방식을 사용해. 큐비트는 0일 수도 있고 1일 수도 있지만, 신기하게도 동시에 0이기도 하고 1이기도 할 수 있어. 마치 네가 침대에 누워서 동시에 자는 것도 아니고 깨어 있는 것도 아닌 상태로 있는 것처럼 말이야.

또한 양자 컴퓨터의 큐비트들은 서로 신비한 방식으로 연결될 수 있어. 그래서 하나의 큐비트가 변하면, 다른 큐비트도 같이 변해. 이걸 '얽힘'이라고 불러. 마치 쌍둥이가 서로 떨어져 있어도 서로의 마음을 알 수 있는 것처럼 말이야.

이런 이유로 양자 컴퓨터는 우리가 사용하는 컴퓨터보다 훨씬 빠르게 계산할 수 있어. 어려운 퍼즐을 풀거나, 엄청나게 큰 숫자를 계산하는 데 아주 유용해. 하지만 아직은 양자 컴퓨터를 만드는 게 많이 어렵기 때문에, 우리는 더 연구하고 있어야 해.

이렇게 설명하면 10살 아이도 양자 컴퓨터에 대해 쉽게 이해할 수 있을 거예요.

처음에 아무 정보 없이 질문하자 챗GPT는 전문 용어와 어려운 단어를 꺼내어 양자 컴퓨터를 설명했습니다. 하지만 '10살짜리 아이'라는 대상을 제공하자 챗GPT가 아이의 눈높이에 맞춰 설명을 진행했습니다. 이처럼 맥락을 제공했을 때 챗GPT가 보여주는 대답의 질과 방식은 크게 달라진다는 것을 확인할 수 있습니다.

단계 나누기

챗GPT에 간단한 맥락을 제공하면 어느 정도 잘 대답하는 편이지만 복잡한 맥락을 알아듣기에는 아직 해석 능력이 부족합니다. 하지만 단순한 맥락을 여러 개 이어서 복잡한 요구를 수행시킬 수는 있습니다.

줄글로 입력했을 때	단계를 나눠 입력했을 때
소설을 쓰고 싶어. 현대 한국을 배경으로 하는 판타지 소설이면 좋겠는데, 주인공이 로봇을 다룰 줄 아는 직장인이었으면 좋겠어.	나는 소설을 쓰고 싶다. 장르: 판타지 소설 배경: 현대, 한국 주인공 특징: 로봇을 잘 다루는 직장인

이처럼 단계를 나눠 챗GPT에게 자료를 제공하면 챗GPT에게 훨씬 좋은 답변을 받을 수 있습니다.

질문 바꾸는 방법

챗GPT와 대화하다 보면 같은 주제이지만 질문을 바꿔 보고 싶기도 하고, 오타 때문에 답변을 제대로 받지 못하기도 합니다. 그렇다고 그때마다 매번 [새 채팅]을 클릭하면 챗GPT는 이전 대화의 맥락을 전부 잃어버리죠. 대화의 맥락을 유지하면서 질문을 바꾸는 방법과, 같은 질문에 새로운 답변을 받는 방법을 알아보겠습니다.

하면 된다! ⟩ 챗GPT의 대답 바꿔 보기

01. 질문(프롬프트) 변경하기
챗GPT와 대화할 때 사람이 입력한 프롬프트 왼쪽에 연필 모양의 [메시지 편집] 아이콘을 클릭합니다.

02. ❶ 프롬프트를 드래그해 지우고 원하는 내용을 새로 입력한 뒤 ❷ [보내기]를 누르면 변경된 질문에 맞게 답변이 출력됩니다.

03. 내용을 변경해도 이전의 프롬프트와 답변이 사라지는 것은 아닙니다. 프롬프트를 수정하면 다음과 같이 좌우로 이동할 수 있는 화살표와 숫자가 생깁니다. 이전 질문과 비교하면서 답변을 확인할 수 있습니다.

04. 같은 질문에 또 다른 답변 받기

챗GPT는 기본으로 랜덤값(난수)을 가지고 있어서 같은 질문에도 매번 다르게 대답합니다. 다른 답변을 받는 방법은 간단합니다. 챗GPT의 답변 아래에 있는 [응답 다시 생성하기] 아이콘을 누르면 같은 질문인데도 다른 답변으로 바꿔 보여 줍니다.

답변 이어 듣기

간혹 챗GPT의 답변이 중간에 끊어지는 경우가 있습니다. 주로 질문이 길거나 긴 답변을 출력할 때 발생하죠. 이런 문제가 생기는 이유는 챗GPT가 한번에 출력하는 토큰 개수에 제한이 있기 때문입니다. 이럴 때는 챗GPT에게 계속 진행해 달라고 명령을 내리면 됩니다. 'Continue', 'Keep Going' 또는 '계속', '계속해 줘.'라고 프롬프트를 입력해 보세요.

220,You have entered the dark cave,Story,
221,Fight the cave trolls,Quest,
222,You encountered cave trolls,Story,
223,Attack,Combat Option,
224,Defend,Combat

계속 해줘.

Option,
225,Use magic,Combat Option,
226,Use item,Combat Option,
227,You have defeated the cave trolls,Notification,
228,You have been defeated by the cave trolls,Notification,
229,Collect the loot,Quest,
230,You found some gold,Notification,
231,You found a precious stone,Notification,

225번부터 이어서
다시 답변해 주네요!

메시지 ChatGPT

챗GPT 맞춤 설정하기

다재다능한 챗GPT. 하지만 아는 것이 많은 만큼 너무 넓은 범위로 대답을 하거나 이야기의 방향을 잡는 데 시간이 오래 걸리기도 합니다. 이걸 해결해 주는 기능이 바로 맞춤 설정(기존의 custom instructions)입니다.

채팅할 때 구체적인 세부 사항과 가이드 라인을 제공해 챗GPT와 상호 작용하는 방법을 미리 설정해 두는 것인데요. 일종의 규율이나 법칙을 따르도록 하는 것과 비슷합니다.

챗GPT
맞춤 설정하기

하면 된다! ⟩ 챗GPT에게 가이드 라인 잡아 주기

챗GPT 맞춤 설정 기능을 사용하는 방법은 다음과 같습니다.

01. 화면 오른쪽 상단에서 사용자 아이콘을 누른 다음 [ChatGPT 맞춤 설정]을 클릭합니다.

내 GPT

ChatGPT 맞춤 설정

설정

로그아웃

02. 새 창이 열리면 2가지 설정을 입력할 수 있습니다.

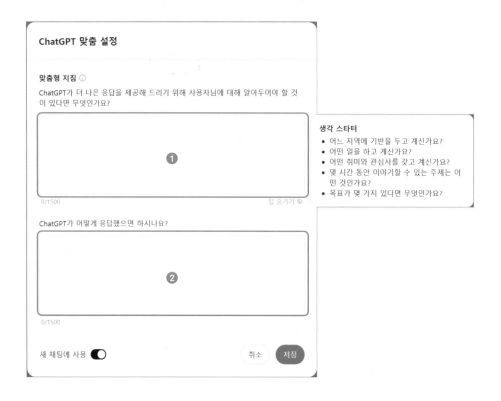

❶ 이곳에는 챗GPT가 여러분에 관해서 미리 알아 두면 좋을 지식이나 정보 등을 입력하세요. 예를 들면 '저는 한국에서 중학교 3학년 학생들을 가르치는 과학 교사입니다.' 등을 적어 둘 수 있습니다.
❷ 챗GPT가 어떻게 대답하면 좋을지 정해 주는 곳입니다. 예를 들어 '모든 답변은 한글로 출력해 줘.'라고 할 수도 있고, '답변을 출력할 때 각 옵션의 장단점을 간략한 표 형식으로 설명해 줘.'라고 해서 답변을 표로 받을 수 있습니다. 만약 개발자라면, '모든 코드는 Python으로 출력해 줘.'라고 적어 보세요. 매번 반복해서 파이썬 코드를 적어 달라고 채팅할 필요가 없습니다.

답변이 어떻게 달라지는지 직접 확인해 볼까요? 먼저 [맞춤형 지침]에 다음과 같이 입력해 보세요.

맞춤형 지침 내용
❶ 나는 초등학교 1학년 학생을 가르치는 영어 선생님이야.
❷ 답변할 때는 표로 정리해서 출력해 줘.

03. 이제 챗GPT에게 '영어 단어 5개 추천해 줘.'라고 질문해 보겠습니다.

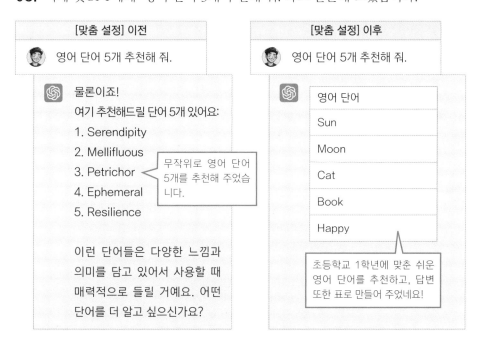

04. 단축키로 활용하기

[맞춤 설정]을 명령어 단축키처럼 활용할 수도 있습니다. 예를 들어 챗GPT는 영문일 때 더 완성도 높은 답변을 해주는데, 매번 영문 답변을 받은 후 다시 '한글로 번역해 줘.'라는 문장을 입력하기 번거로울 때 활용할 수 있습니다.

다음과 같이 'ㅎㄱ'이라고 입력하면 앞서 대답한 답변을 한글로 번역해 달라는 맞춤형 지침을 적용해 보세요.

05. 이제 영문으로 질문하고 챗GPT의 답변을 받은 후, 이어서 'ㅎㄱ'이라고 입력해 보세요.

 Tell me a little bit about Jupiter.

 Jupiter is the largest planet in our solar system, and it's often referred to as a gas giant. Here are some key facts about Jupiter:

1. **Size and Composition**: Jupiter is massive, with a diameter of approximately 139,822 kilometers (86,881 miles), making it more than 11 times wider than Earth. It consists primarily of hydrogen and helium, similar to the composition of the sun.

2. **Atmosphere**: The planet's atmosphere is composed of clouds of various gases, including ammonia and methane, which give it its characteristic bands of color. The most prominent feature is the Great Red Spot, a massive storm system that has been observed for centuries.

(··· 중략 ···)

Jupiter's immense size and unique characteristics make it a fascinating object of study in planetary science, and it continues to intrigue scientists and astronomers as they seek to better understand this giant planet and its role in the solar system.

 ㅎㄱ

 Jupiter (주피터)는 우리 태양계에서 가장 큰 행성 중 하나로 알려져 있으며, 종종 가스 거성이라고 불립니다. 다음은 주피터에 관한 몇 가지 주요 사실입니다:

1. **크기와 구성**: 주피터는 지름이 약 139,822 킬로미터 (86,881 마일)로 매우 크며, 지구보다 약 11 배 넓습니다. 이 행성은 주로 수소와 헬륨으로 이루어져 있으며, 이는 태양의 구성과 유사합니다.

2. **대기**: 이 행성의 대기는 암모니아와 메탄을 비롯한 다양한 가스 구름으로 이루어져 있으며, 이로 인해 특징적인 색대들이 형성됩니다. 가장 두드러진 특징은 대적점(대적풍)으로 알려진 거대한 폭풍 시스템입니다.

(… 중략 …)

주피터의 거대한 크기와 독특한 특성은 행성 과학에서 연구 대상으로서 매우 매력적이며, 이 거대 행성과 태양계에서의 역할을 더 잘 이해하기 위해 과학자와 천문학자들을 계속해서 끌어들이고 있습니다.

이렇게 예시처럼 간단하게 'ㅎㄱ'이라고만 입력해도 알아서 번역되는 것을 볼 수 있습니다. 숫자 1, 2, 3, 4나 초성 등 맞춤 설정을 다양하게 정의해 보세요.

요약 정리!

❶ **역할 부여하기**: 해당 분야의 전문가처럼 대답해 준다.
❷ **맥락 알려 주기**: 답을 정확하게 찾아낼 수 있고 원하는 방식으로 얻을 수 있다.
❸ **단계 나누기**: 맥락을 여러 항목으로 구분해 설명하면 복잡한 요구도 수행시킬 수 있다.
❹ **질문 바꾸기**: 챗GPT에게 제공한 프롬프트를 수정하거나 현재의 답변과 다른 답변을 요청할 수 있다.
❺ **답변 이어 듣기**: 챗GPT의 답변이 끊어졌을 때 이어 들을 수 있다.
❻ **챗GPT 맞춤 설정**: 미리 가이드 라인을 설정해서 그에 맞는 답변을 받을 수 있고, 단축키처럼 활용할 수도 있다.

시간을 벌어 주는 확장 프로그램,
텍스트 블레이즈

현대를 살아가면서 가장 중요한 자원은 단연코 '시간'입니다. AI 시대가 오면서, 이제는 한 사람이 10명 아니, 100명의 역할도 할 수 있게 되었기 때문에 시간 자원의 밀도는 더욱 높아졌고, 1분 1초의 금전적 가치가 더욱 증가했죠.

챗GPT를 비롯한 생성형 AI를 사용할 때는 프롬프트를 작성해야 합니다. 이 프롬프트를 작성하는 데 드는 시간을 줄일 수 있다면 생산성을 높일 수 있겠죠. 이런 측면에서 혁신을 불러올 프로그램으로 '텍스트 블레이즈(Text Blaze)'를 소개합니다. 텍스트 블레이즈는 텍스트 확장 도구(text expander tool) 중 하나입니다. 텍스트 확장 도구란 반복해서 입력해야 하는 긴 문장을 단축어나 클릭 몇 번만으로 손쉽게 진행하는 도구를 의미합니다. 텍스트 확장 도구는 AI가 대두되기 이전에도 있었지만, AI가 나오면서 훨씬 더 중요한 도구로 부각되고 있습니다.

텍스트 블레이즈

그럼 지금부터 텍스트 블레이즈를 설치하는 것부터 활용하는 방법까지 차근차근 따라 해보세요.

하면 된다! ⟩ 텍스트 블레이즈 설치하기

앞서 챗GPT를 크롬 웹 브라우저에서 사용하는 것이 좋다고 했는데요. 그 이유는 텍스트 블레이즈와 같은 다양한 확장 프로그램을 활용하기에 편리하기 때문입니다. 간단한 설치로 손쉽게 여러분의 생산성을 높일 수 있죠. 여기서 소개하는 텍스트 블레이즈는 무료로 사용할 수 있는 크롬 확장 프로그램으로, 구독을 통해서 더 많은 기능을 이용할 수도 있습니다.

챗GPT를 처음 공부하는 여러분의 비용 부담을 덜어드리기 위해 프로 버전을 한 달 간 무료로 사용할 수 있도록 텍스트 블레이즈와 정식 제휴를 맺었으니 적극 사용해 보세요. 다음의 링크를 통해 가입하면 텍스트 블레이즈 프로 버전을 무료로 한 달 간 이용할 수 있습니다.

• 프로 버전 한 달 무료 사용 링크: bit.ly/blaze_free

▶ 한 달이 지나면 무료 버전으로 자동 전환되니 걱정 없이 사용하면 됩니다.

01. 링크를 통해 텍스트 블레이즈에 접속합니다. 다음과 같이 여러분이 텍스트 블레이즈로 초대받았다는 내용이 출력되면 [ADD TEXT BLAZE TO CHROME - IT'S FREE!]를 클릭해서 크롬 확장 프로그램 설치 화면으로 넘어갑니다.

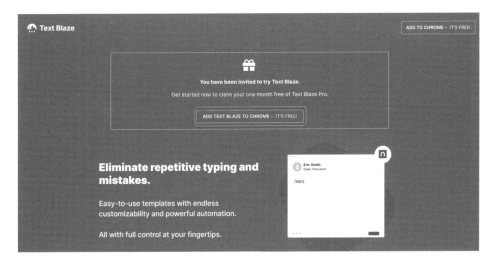

02. 텍스트 블레이즈는 미국에 있는 기업이다 보니, 모든 언어가 영어로 제공됩니다. 크롬 웹 브라우저 창 안에서 마우스 오른쪽 버튼을 누르고 [한국어(으)로 번역]을 클릭하면 좀 더 쉽게 사용할 수 있습니다.

03. 오른쪽 상단에 있는 [Chrome에 추가]를 클릭하면 확장 프로그램이 설치되면서 회원 가입 화면으로 이동합니다. 구글 계정이 있다면 구글 계정으로 로그인해도 되고, 별도 이메일을 사용해서 가입해도 됩니다.

04. 텍스트 블레이즈의 대시보드 화면이 출력되면 설치 및 가입은 끝났습니다.

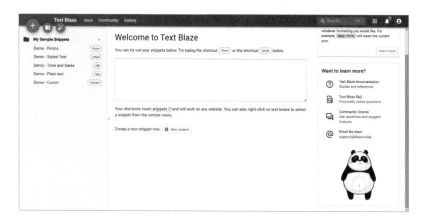

05. 이제 크롬 오른쪽 상단에 있는 퍼즐 모양의 아이콘을 클릭하면 나타나는 [Text Blaze~]를 통해 어디서나 손쉽게 접근할 수 있습니다.

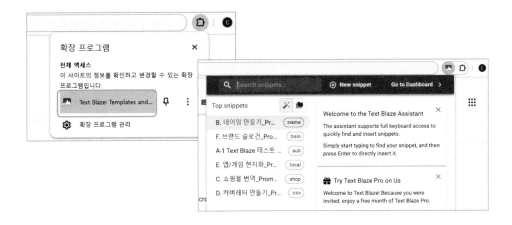

하면 된다! 〉 프롬프트 템플릿 복사하기

이제 텍스트 블레이즈를 사용하는 방법을 알아봐야겠죠? 텍스트 블레이즈에는 수많은 프롬프트 템플릿이 있습니다. 프롬프트를 복사해서 따로 저장해 두면 필요할 때마다 불러와 사용할 수 있죠. 다음 링크에 접속해서 연습해 보겠습니다.

01. 다음 링크에 접속하세요.

> 구글 시트에서 복사해 붙여 넣어도 됩니다.

- **프롬프트 템플릿 링크:** bit.ly/blaze_test

다음과 같이 글이 입력된 화면이 나타났나요? 이건 제가 미리 입력해 놓은 글입니다. 여기서는 자세히 알아볼 필요 없이 딱 1가지만 하면 됩니다. [Copy to Text Blaze]를 눌러 주세요.

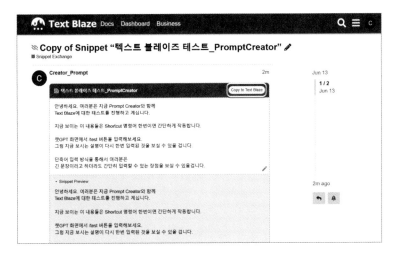

02. 다음 화면이 출력되면 오른쪽 상단에 있는 [Save → Create snippet]을 클릭합니다.

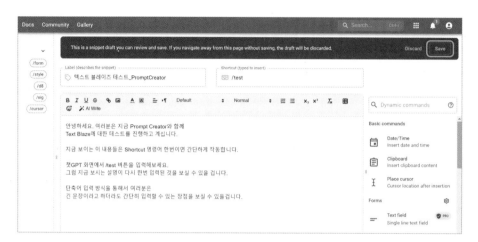

03. 왼쪽 폴더에 [텍스트 블레이즈 테스트_PromptCreator]가 나타나면 모든 준비가 끝났습니다.

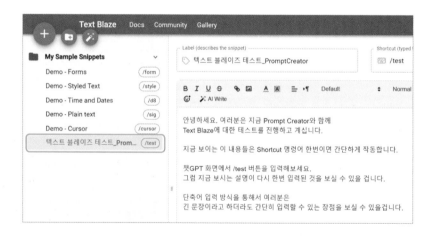

하면 된다! 〉 단축어로 프롬프트 템플릿 불러오기

그럼 복사한 템플릿을 직접 사용해 보겠습니다.

01. 챗GPT로 돌아와서 프롬프트 입력 창에 /test라고 입력해 보세요. 텍스트 블레이즈에서 보았던 글이 자동으로 한꺼번에 입력되는 것을 볼 수 있습니다.

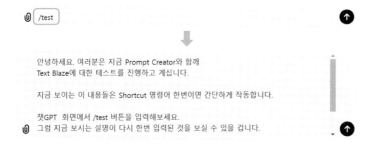

이렇게 텍스트 블레이즈를 이용하면 단축어(Shortcut)를 통해 장문도 빠르게 입력할 수 있습니다. 하나하나 타이핑할 필요도 없고, 메모장이나 노션, 또는 여러분이 저장해 둔 프롬프트 파일을 뒤적이며 찾을 필요도 없습니다.

02. 만약 단축어가 생각나지 않는다면 어떻게 해야 할까요?

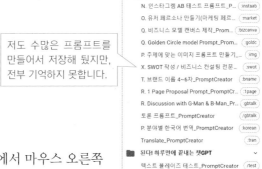

저도 수많은 프롬프트를 만들어서 저장해 뒀지만, 전부 기억하지 못합니다.

이럴 때는 챗GPT 프롬프트 입력 창에서 마우스 오른쪽 버튼을 누르고 [Text Blaze]에 마우스 커서를 갖다 대 보세요. [My Sample Snippet] 폴더 안에 좀 전에 복사한 [텍스트 블레이즈 테스트~]를 확인할 수 있습니다. [텍스트 블레이즈 테스트~]를 클릭하면 단축어를 입력했을 때와 똑같이 입력됩니다.

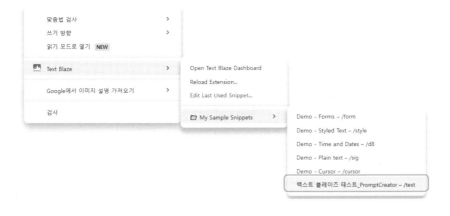

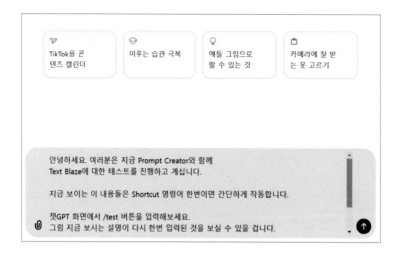

이렇게 불러오는 텍스트 프리셋을 '스니펫(snippet)'이라고 하는데요. 스니펫은 원래 코드 조각을 의미하며 단축어로 불러오는 방식을 뜻하지만, 우리가 공학적인 것까지 알 필요는 없고 미리 저장해 둔 문장 그룹을 단축어를 사용해 불러오는 것이라 생각하면 됩니다.

이 책에는 제가 엔지니어링한 여러 개의 프롬프트가 등장합니다. 사용 빈도가 높은 프롬프트는 텍스트 블레이즈에 스니펫으로 만들어 두었습니다. 여러분은 복사해서 가져다 쓰면 됩니다. 몇몇 분들은 프롬프트 저작권이 신경 쓰일 수도 있습니다. 물론 이 책에 담긴 프롬프트도 '컴퓨터 프로그램 저작물'에 해당하지만, 독자 분들은 편하게 사용해도 좋습니다. 인공지능과 관련된 저작권 내용은 09장에서 자세히 다룹니다.

하면 된다! ｝ 나만의 단축어, 스니펫 만들기

텍스트 블레이즈는 단순히 제 프롬프트를 복사해서 가져가는 기능만 있는 것이 아닙니다. 여러분이 자유롭게 프롬프트를 만들고, 단축어도 직접 설정할 수 있죠. 이번에는 여러분이 직접 스니펫을 만들어 보겠습니다.

01. 왼쪽 상단에 있는 [+] 아이콘을 클릭하면 새로운 스니펫을 만들 수 있습니다. 여러분만의 새로운 문장 그룹을 만드는 거죠.

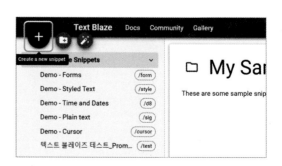

02. 스니펫으로 사용할 단축어와 프롬프트를 입력해 보세요.

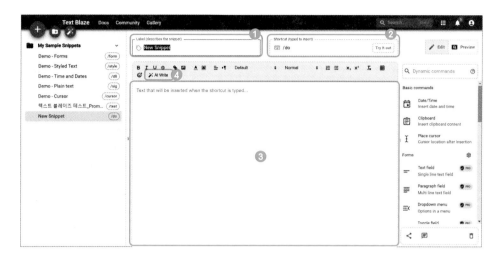

① **라벨(Label):** 문장 그룹 명칭을 입력하는 영역입니다.

② **단축어(Shortcut):** 문장 그룹을 불러올 단축어를 입력하는 영역입니다. 다른 단축어와 중복되지 않도록 주의하세요.

③ **입력 창:** 불러오고 싶은 문장 그룹을 입력하는 영역입니다.

④ **[AI Write]:** 인공지능을 이용해서 문장 그룹을 만드는 기능입니다. 프로 버전을 사용한다면 자유롭게 이용할 수 있죠. 이 책에서 제공하는 링크로 접근해서 설치 및 로그인한 분들은 인공지능으로 스니펫을 간단하게 만들 수도 있으니 테스트해 보세요.

텍스트 블레이즈를 활용하면 챗GPT를 사용할 때 많은 시간을 아끼고 높은 생산성을 가질 수 있습니다. 프롬프트마다 텍스트 블레이즈로 이동하는 URL 링크는 이지스퍼블리싱 홈페이지의 [자료실]에서 구글 스프레드시트로 이동하면 바로 복사-붙여넣기를 할 수 있으니 활용해도 좋습니다.

그러면 이전보다 더욱 강화된 생산성을 탑재한 상태에서 챗GPT를 본격적으로 사용하는 둘째마당으로 넘어가겠습니다.

둘째마당

챗GPT
제대로 활용하기

▼

앞서 챗GPT를 간단히 알아보고 사용하는 방법을 예시로 보여 드렸습니다. 이제는 제대로 사용해 봐야겠죠. 이번 마당에서는 첫째마당에서 잠깐 살펴본 챗GPT를 이용한 글쓰기를 좀 더 자세히 알아봅니다. 또한 엑셀, 파워포인트 등과 관련해 실무 현장에서 바로 써먹을 수 있는 예시를 비롯해 일상생활에서나 수익을 낼 때 활용하는 방법도 소개하겠습니다.

챗GPT로 글쓰기,
이것까지 할 수 있다!

이번 장에서는 챗GPT가 가장 잘하는 언어 영역을 테스트해 보기 위해 번역, 블로그 글, 소설 쓰기 등 다양한 방식으로 활용해 보겠습니다.

03-1

번역하기

일반 번역기와 챗GPT, 어떤 게 번역을 더 잘할까?

번역은 챗GPT가 가장 능력을 잘 발휘하는 영역입니다. 챗GPT는 영어를 사용할 때 문맥을 잘 파악한다는 특징이 있습니다.

한번 테스트해 볼까요? 먼저 챗GPT가 영어를 한국어로 변환하는 작업을 구글 번역, 파파고 (Papago), 딥엘(DeepL)과 비교해 보았습니다.

- **구글 번역:** translate.google.co.kr
- **파파고:** papago.naver.com
- **딥엘:** deepl.com/translator

먼저 생텍쥐페리의 소설《어린 왕자》영문판의 일부분과 한국어 번역을 봅시다.

The grown-ups' response, this time, was to advise me to lay aside my drawings of boa constrictors, whether from the inside or the outside, and devote myself instead to geography, history, arithmetic, and grammar. That is why, at the age of six, I gave up what might have been a magnificent career as a painter. I had been disheartened by the failure of my Drawing Number One and

(… 중략 …)

어른들은 속이 보이거나 보이지 않거나 보아 뱀 그림 따위는 집어치우고 차라리 지리와 역사와 산수와 문법에 관심을 가지라고 충고했다. 이런 연유로 그만 나는 나이 여섯에 화가라는 멋진 직업을 포기해 버렸다. 내 그림 1호와 그림 2호의 실패로 그만 기가 꺾인 탓이다. 어른들 스스로는 아무것도 이해할 수 없다. 그럴 때마다 설명을 해 주어야 하니 어린아이들로서는 피곤한 일이다.

▶ **자료 출처:**《어린왕자》(황현산 역, 2015)

이번엔 구글 번역, 파파고, 딥엘을 이용해 차례차례 테스트해 보았습니다.

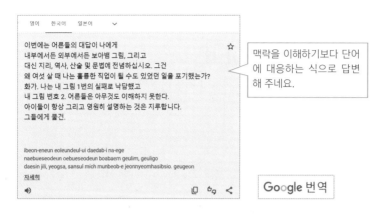

맥락을 이해하기보다 단어에 대응하는 식으로 답변해 주네요.

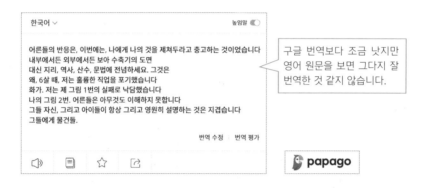

구글 번역보다 조금 낮지만 영어 원문을 보면 그다지 잘 번역한 것 같지 않습니다.

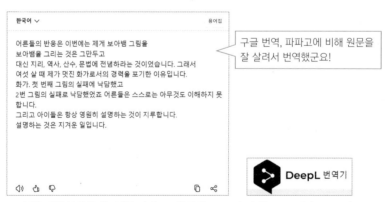

구글 번역, 파파고에 비해 원문을 잘 살려서 번역했군요!

▶ 딥엘은 독일의 인공지능 번역 서비스로 한국어 5,000자 이내는 무료이며, 2023년 8월에 유료 서비스인 '딥엘 프로'를 출시했습니다.

딥엘은 확실히 인공지능을 이용하고 맥락을 파악해 출력하다 보니 다른 번역기보다는 좀 더 자연스러운 문장을 완성해 냅니다. 문체를 조금만 다듬으면 사용할 수 있을 수준입니다.

그럼 챗GPT에게 번역을 맡기면 어떻게 출력해 줄까요?

 다음 내용을 한글로 번역해 줘.

The grown-ups' response, this time, was to advise me to lay aside my drawings of boa constrictors, whether from the inside or the outside,

(… 중략 …)

 어른들의 반응은 이번에도 달라지지 않았습니다. 그들은 내게 보아뱀 그림을 그리는 것을 그만두고 지리, 역사, 산수, 문법에 전념하라고 조언했습니다. 그래서 나는 여섯 살 때 화가로서의 멋진 경력을 포기하게 되었습니다. 내 그림 1번과 그림 2번의 실패로 실망했기 때문입니다. 어른들은 스스로는 아무것도 이해하지 못하며, 아이들은 항상 그들에게 설명하는 것이 지겹기 마련입니다.

챗GPT는 구글 번역, 파파고, 딥엘에 비해 좀 더 자연스럽게 번역해 줍니다. 사람이 번역했을 때와 챗GPT가 번역한 결과물을 비교해 봅시다.

사람이 번역한 결과물	챗GPT가 번역한 결과물
어른들은 속이 보이거나 보이지 않거나 보아 뱀 그림 따위는 집어치우고 차라리 지리와 역사와 산수와 문법에 관심을 가지라고 충고했다. 이런 연유로 그만 나는 나이 여섯에 화가라는 멋진 직업을 포기해 버렸다. 내 그림 1호와 그림 2호의 실패로 그만 기가 꺾인 탓이다. 어른들 스스로는 아무것도 이해할 수 없다. 그럴 때마다 설명을 해 주어야 하니 어린아이들로서는 피곤한 일이다.	어른들의 반응은 이번에도 달라지지 않았습니다. 그들은 내게 보아뱀 그림을 그리는 것을 그만두고 지리, 역사, 산수, 문법에 전념하라고 조언했습니다. 그래서 나는 여섯 살 때 화가로서의 멋진 경력을 포기하게 되었습니다. 내 그림 1번과 그림 2번의 실패로 실망했기 때문입니다. 어른들은 스스로는 아무것도 이해하지 못하며, 아이들은 항상 그들에게 설명하는 것이 지겹기 마련입니다.

챗GPT가 번역한 결과물을 보면 구글 번역이나 파파고, 딥엘에 비해 영어 원문에 충실해서 약간만 수정해도 사용할 수 있을 정도입니다. 문체까지 자연스러워서 딥엘보다 성능이 뛰어나다는 것을 알 수 있습니다. 즉, 챗GPT는 지금까지 개발해서 사용해 온 번역 프로그램 가운데 가장 자연스럽게 번역한다는 것이죠.

▶ 챗GPT는 한글을 영어로 변환하는 것도 잘 해냅니다. BTS(방탄소년단)가 UN에서 했던 영어 연설문을 한글로 번역했다가 다시 영어로 변환해서 비교해 보는 내용은 sharegpt.com/c/ApvO2rz를 참고하세요.

Hello, sir··· 영문 이메일 보내기

외국인 친구와 연락하거나 해외 취업이나 사업 등을 위해 영어로 이메일을 보내야 할 때가 있습니다. 영어가 서툴다면 어려움을 겪을 수밖에 없겠죠. 하지만 챗GPT를 이용하면 전하고자 하는 내용을 금방 번역해서 보낼 수 있습니다. 다음 프롬프트를 따라 적으면 됩니다. 단, (#타깃)과 (#문장 내용 추가) 부분은 직접 수정해야 합니다.

이렇게 써보세요!

나는 (#타깃)에게 이메일을 보내려고 해.
한글 문장을 영어로 번역해 줘.

> 이렇게 적으면 챗GPT가 바로 영어 문장을 정리해서 보여 줍니다.

(#문장 내용 추가)

이 프롬프트를 참고해 외국인 친구에게 보낼 이메일을 작성해 보겠습니다.

 나는 '친구'에게 이메일을 보내려고 해.
다음 한글 문장을 영어로 번역해 줘.

'안녕!
오랜만에 편지를 써봐. 어떻게 지내?
언제나 그랬듯이 항상 건강하고 행복한 모습이었으면 좋겠다.

요즘에는 열심히 일하느라 정신이 없어. 가끔은 친구들과 만나서 스트레스를 푸는 시간이 필요한 것 같네. 지난 번에 만난 후로 여러 일이 생겨서 좀 바쁘기도 했고 시간도 없어서 이제야 연락을 했어.

너도 최근에 새로운 일을 시작했다며? 새로운 도전에 앞서서 어려운 일도 있겠지만, 항상 힘내시고 좋은 결과 얻기를 바랄게.
다음에 또 봤으면 좋겠다!'

"Hi!
It's been a while since I've written a letter. How have you been?
I hope you're always healthy and happy as usual.

These days, I've been busy working hard, so I need some time to relieve stress by occasionally meeting friends. Since we met last time, many things have happened, and I've been quite busy, so I'm only getting in touch now.

Did you say you started a new job recently? There may be difficult challenges ahead of you, but I hope you stay strong and get good results.
I hope we can see each other again next time!"

이번에는 이메일 받는 사람을 사업 파트너로 설정하고 문장을 바꿔 보겠습니다.

나는 '사업 파트너'에게 이메일을 보내려고 해.
다음 한글 문장을 영어로 번역해 줘.

'안녕하세요!
저희 사업에 함께 하게 된 파트너님께 이렇게 편지를 쓸 수 있어서 기쁩니다.
언제나 열심히 일하시는 모습에 저도 큰 영감을 받고 있습니다.

최근 저희 사업은 많은 발전을 이루었습니다. 그리고 그 발전의 기반이 되는 것이 바로 파트너님과 저희의 협력과 노력이었다고 생각합니다. 파트너님과 함께 시작한 일이 이렇게 크게 성장하게 될 줄은 몰랐는데, 진심으로 감사드립니다.

앞으로도 파트너님과 함께 더욱 발전해 나가기 위해서 노력할 것이며, 언제든지 파트너님과 의견을 나누며 협력할 수 있는 자세로 함께 나아가고 싶습니다. 제가 믿는 파트너님과 함께라면, 어떤 어려움도 극복해 나갈 수 있을 것이라 믿습니다.

이번 편지를 받으시면 지난번 투자 건에 대한 생각을 나눠 주시면 감사하겠습니다.'

Hello!

I am pleased to write this letter to our business partner who has joined us in our business. I am greatly inspired by your hard work and dedication.

Recently, our business has made significant progress, and I believe that this progress is based on our partnership and collaboration. I did not expect that the work we started together would grow so much, and I sincerely appreciate your contribution.

We will continue to work together to achieve further development, and I would like to move forward with you in a collaborative spirit, sharing our opinions and working together. I believe that with you, my trusted partner, we can overcome any difficulties.

Thank you for considering your thoughts on the previous investment when you receive this letter.

이렇듯 챗GPT를 통해 이메일을 적을 때 **이메일을 받는 대상**과 **영어로 번역하고 싶은 문장**을 한글로 입력하면 대상에 맞는 영어 단어와 문장을 만들어 줍니다.

여러 나라의 언어로 번역하기

세상에는 영어뿐만 아니라 스페인어, 프랑스어, 중국어 등 다양한 언어가 있습니다. 다른 언어도 챗GPT를 활용해 번역해 보세요.

이렇게 써보세요!

나는 (#타깃)에게 이메일을 보내려고 해.
한글 문장을 (#번역할 언어)로 번역해 줘.

(#문장 내용 추가)

앞서 사업 파트너에게 보낸 이메일 내용을 스페인어로 번역해 달라고 요청해 보겠습니다.

 나는 '사업 파트너'에게 이메일을 보내려고 해.
다음 한글 문장을 스페인어로 번역해 줘.

'안녕하세요!
저희 사업에 함께 하게 된 파트너님께 이렇게 편지를 쓸 수 있어서 기쁩니다.

(… 중략 …)

이번 편지를 받으시면 지난번 투자 건에 대한 생각을 나눠 주시면 감사하겠습니다.'

 ¡ Hola!
Estoy encantado/a de escribir esta carta a nuestro socio comercial que se ha unido a nuestro negocio.

(… 중략 …)

Si recibe esta carta, agradeceria mucho sus reflexiones sobre la inversión anterior.
¡ Gracias!

 번역을 제대로 하려면 GPT-4 또는 GPT-4o를 사용하세요!

앞서 보았듯이 무료 버전의 챗GPT만 이용해도 번역을 잘 해줍니다. 하지만 한국어에는 동음이의어와 다의어가 많다 보니 어려움이 있습니다. 예를 들어 '배'라는 단어를 번역해 달라고 했을 때 먹는 과일인 배(pear)일 수도 있고, 물 위에 뜨는 선박(boat)을 의미할 수도 있고, 우리 몸의 배(stomach)를 뜻할 수도 있습니다. 이처럼 인공지능이 한국어의 맥락을 이해하기란 쉽지 않죠.
'잠수함 수면 부상'이라는 어구를 실제로 테스트해 보았습니다. 잠수함이 수면 위로 올라왔다는 뜻으로, 영어로 'submarine surfacing'이라는 표현을 사용합니다.

그러나 구글 번역, 파파고, 딥엘 모두 한글로 번역 테스트를 해보면 'Submarine sleep injury'라고 출력되죠. '잠수함'은 제대로 번역했지만 '수면'을 '잠'으로, '부상'을 '다치다'는 뜻으로 번역했습니다. 잠수함이라는 앞선 맥락을 파악하지 못하고 단어를 각각 따로 해석했기 때문입니다.

그렇다면 챗GPT는 어떨까요? 앞에서 챗GPT는 맥락을 읽는다고 말한 것이 무색하게도 무료 버전인 GPT-3.5로는 다른 번역기와 큰 차이가 없습니다. 하지만 GPT-4와 GPT-4o는 다릅니다.

 다음 내용을 번역해 줘.
'잠수함 수면 부상'

GPT-3.5의 답변 ▶ "잠수함 수면 부상"은 영어로 "Submarine surface damage"로, 잠수함이 수면에 올라와서 발생한 손상을 의미합니다.

GPT-4의 답변 ▶ '잠수함 수면 부상'을 영어로 번역하면 'Submarine surfacing'입니다.

이처럼 같은 질문을 했을 때 GPT-3.5와 GPT-4의 답변에는 차이가 있습니다. 그나마 잠수함이라는 단어의 맥락을 이용해서 수면이 sleep이 아님을 파악했지만, 부상을 damage로 번역해 아쉬웠는데요.
그러나 GPT-4는 한국어의 동음이의어, 다의어 등에도 대응하는 능력이 뛰어나 완벽한 번역을 보여 줬습니다. 만약 중요한 번역 작업을 해야 한다면 챗GPT 플러스를 구독해 GPT-4를 사용하거나 GPT-4o 모델로 설정하고 번역을 요청해 보세요. 매우 유용하다는 것을 느낄 것입니다.

▶ '챗GPT 플러스'가 궁금하다면 01-2절을 참고하세요.

03-2

블로그 글쓰기

챗GPT로 블로그를 한다고?

블로그 글은 인터넷에서 흔하게 볼 수 있는 콘텐츠입니다. 그중에서도 인기 있는 블로그에는 중요한 것 한 가지가 있습니다. 바로 꾸준한 글쓰기입니다. 하지만 이 작업은 쉬운 일이 아닙니다. 블로그에서 특정한 주제를 정해 놓고 글을 쓴다면 매일 새로운 소재를 발견하기도 쉽지 않을 뿐 아니라 같은 단어를 반복해서 사용하거나 유사한 문장 구성 때문에 고민하기도 합니다. 소재에서 느끼는 생각도 블로거의 사고 범위 내에서 비슷하게 반복하는 경우도 많고요. 이런 내용적인 면 외에도 글을 꾸준히 규칙적으로 쓴다는 것 자체가 에너지를 굉장히 많이 쓰는 일입니다. 그래서 블로그를 시작하고 싶어도 엄두를 내지 못하는 사람이 많죠.

하지만 앞에서 챗GPT가 새로운 문장을 만들어 내는 놀라운 성능을 보았죠? 챗GPT는 문장 구성, 문맥 파악, 단어 선택 능력이 뛰어납니다. 챗GPT의 이런 능력을 블로그를 운영하는 데 필요한 꾸준한 글쓰기와 연결하면 적은 에너지로도 블로그를 지속해서 운영할 수 있을 거예요.

그럼 블로그 글을 쓸 때 챗GPT를 어떻게 활용할 수 있는지 하나씩 알아보겠습니다.

블로그 글쓰기 아이디어 찾기

많은 사람이 블로그를 시작하기 전에 어떤 글을 써야 할지 몰라 고민하는 데 시간을 많이 허비합니다. 경험이 많은 블로거들은 "그냥 아무거나 적으면 돼.", "취미처럼 자신이 좋아하는 분야를 쓰면 돼.", "최근 이슈를 따라가면 돼."라고 하지만 초보 블로거는 그런 아이디어 하나 떠올린다는 것 자체가 쉽지 않습니다. 그럼 아예 처음부터 챗GPT에게 블로그 아이디어를 요청해 보면 어떨까요?

> **이렇게 써보세요!**
>
> 나는 (#타깃)을 대상으로 블로그 글을 쓰려고 해.
> (#문장 내용 추가)

03-1절에서 이메일을 보내던 예시를 참고하여 써보면 쉽습니다.

 나는 한국 시장을 대상으로 블로그를 쓰려고 해.
어떤 아이디어들이 있을까?

 한국 시장을 대상으로 블로그를 쓰기 위해서는 다양한 주제들을 고려해볼 수 있습니다. 여기에 몇 가지 아이디어를 드리겠습니다.
1. 한국 문화와 관련된 주제: 한국의 음식, 영화, 음악, 패션 등의 문화적 측면을 다룰 수 있습니다. 예를 들어, 한국의 대표적인 음식인 김치를 비롯하여 한국의 다양한 음식문화, 한국의 K-Pop과 K-Drama 등을 다룰 수 있습니다.

(… 중략 …)

5. 한국의 사회 및 정치 문제와 관련된 주제: 한국 사회의 다양한 이슈들, 예를 들어 교육, 노동, 사회적 문제 등을 다룰 수 있습니다. 또한, 한국 정치의 동향을 살펴볼 수 있습니다.
이러한 주제들을 바탕으로 다양한 블로그 게시물을 작성해보시면 좋을 것 같습니다.

챗GPT가 총 5가지 주제를 추천해 주었습니다. 여러분이 직접 프롬프트를 입력하면 그에 따라 다양한 답변을 받을 수 있을 것입니다.

챗GPT의 첫 번째 답변인 '한국의 문화와 관련된 주제'로 방향을 잡고 주제를 좀 더 세세하게 나눠 달라고 해보겠습니다.

 '한국 문화와 관련된 주제'로 블로그를 만들고 싶어.
세부 주제로 어떤 게 있을까?

 한국 문화와 관련된 주제로 블로그를 만드는 것은 좋은 아이디어입니다. 여기에 몇 가지 세부적인 주제 아이디어를 드리겠습니다.

1. 한국의 전통 음식: 한국의 대표적인 음식인 김치를 비롯하여 불고기, 된장찌개, 비빔밥 등 다양한 전통 음식들을 소개하고 레시피를 제공할 수 있습니다.
2. 한국의 축제와 행사: 한국의 대표적인 축제들, 예를 들어 추석, 설날, 불교 행사 등을 소개하고 축제에서 즐길 수 있는 문화 활동이나 음식 등을 소개할 수 있습니다.

(… 중략 …)

7. 한국의 전통 음악과 무용: 가야금, 판소리, 사물놀이, 무용 등 한국의 전통적인 음악과 무용을 소개하고 그들의 역사와 문화적 의미 등을 다룰 수 있습니다.
이러한 주제들을 바탕으로 다양한 블로그 게시물을 작성해보시면 좋을 것 같습니다.

챗GPT가 우리나라의 전통 음식, 축제와 행사, 대중문화, 영화, 문화재, 복식, 전통 음악과 무용 등 한국 문화와 관련된 여러 소주제를 추천해 주었습니다.

국내 블로그에서는 '음식'을 주제로 글을 썼을 때 꾸준한 트래픽을 보이므로 챗GPT에게 '한국의 전통 음식'을 주제로 콘텐츠를 만들어 보겠다고 설정하겠습니다. 그리고 콘텐츠의 제목을 10가지 정도 추천해 달라고 해보겠습니다.

 '한국의 전통 음식'이라는 주제로 블로그 콘텐츠를 적으려고 해.
콘텐츠 제목으로 어떤 것이 좋을까?
10가지 정도 추천해 줘.

'한국의 전통 음식'이라는 주제로 블로그 콘텐츠를 작성하려면 제목을 잘 선택하는 것이 중요합니다. 여기에 몇 가지 제목 아이디어를 드리겠습니다.

1. 한국의 대표 음식 10가지
2. 한국의 전통 음식을 맛보자!

(… 중략 …)

9. 한국 음식, 이렇게 즐기면 더 맛있다!
10. 한국 음식의 역사와 문화를 만나다.
위의 제목 아이디어를 바탕으로 자신만의 창의적인 제목을 만들어 보시기를 권해드립니다.

지금까지 어떤 주제로 블로그 글을 발행해야 할지, 선택한 주제와 그에 어울리는 여러 세부 주제들, 콘텐츠의 제목까지 챗GPT가 적어 주는 것을 확인할 수 있습니다. 이제 챗GPT로 블로그 아이디어를 구할 수 있습니다. 챗GPT의 답변 중에서 마음에 드는 아이디어가 있다면 사용하면 되고, 좋아하는 주제가 있다면 더욱 좋겠죠. 아니면 자신이 좋아하는 주제가 블로그 글에 적합할지 물어보는 것도 유용하겠네요.

이번에는 챗GPT에게 산악용품과 관련된 글의 초안을 써달라고 해보겠습니다.

 산악용품과 관련한 글을 500자 정도로 써줘.
제목은 "산악용품 가이드: 선택의 기준과 팁"이야.

 등산을 즐기는 사람들은 산악용품에 대한 관심도 높습니다. 하지만 다양한 산악용품이 있기 때문에 어떤 것을 선택해야 할지 많은 사람들이 고민합니다. 이 글에서는 산악용품 쇼핑 가이드와 함께 선택의 기준과 팁을 알려드리겠습니다.

1. 기능성: 산악용품은 그 사용 목적에 따라 기능성이 강조됩니다. 등산화의 경우 미끄러짐 방지와 방수 기능, 배낭의 경우 무게 분산과 보조벨트의 유무 등이 중요한 기능입니다. 따라서 자신이 할 산행의 종류와 난이도에 따라 필요한 기능을 선택하는 것이 중요합니다.

(… 중략 …)

5. 브랜드: 산악용품을 선택할 때 브랜드도 중요한 요소 중 하나입니다. 유명한 브랜드의 제품은 기능성과 내구성이 검증되어 있을 가능성이 높습니다. 하지만 브랜드만 고려하기 보다는, 다른 기준도 함께 고려해보세요.

좋은 산악용품을 선택하는 것은 등산에서의 즐거움과 안전을 보장합니다. 위의 기준과 팁을 참고하여 자신에게 맞는 산악용품을 선택해보세요.

챗GPT는 '산악용품 쇼핑 가이드: 선택의 기준과 팁'이라는 주제로 5가지 항목을 알려 주었습니다. 하지만 이것만으로 블로그 글을 꾸려 가기에는 조금 부족해 보이네요. 그래서 기능성 부분을 좀 더 강조하고 글자 수를 늘려서 답변해 달라고 해보겠습니다.

 '기능성' 부분을 강조해서 기존의 글을 800자 정도로 정리해 줘.

 산악용품을 선택할 때 가장 중요한 요소 중 하나는 제품의 기능성입니다. 산악용품의 기능성은 등산에 필요한 다양한 요소들을 제공하고, 안전하고 쾌적한 산행을 위해 필수적입니다. 따라서 기능성을 검토하여 적합한 제품을 선택하는 것이 중요합니다.

1. 등산화: 등산화는 등산에서 가장 중요한 장비 중 하나입니다. 등산화는 지형에 따라 그리고 산행의 목적에 따라 선택되어야 합니다. 미끄러짐 방지와 방수 기능은 등산화의 가장 기본적인 기능 중 하나입니다. 또한, 적당한 발볼 넓이와 탄력성, 내구성도 고려해야 합니다.

2. 배낭: 배낭은 등산에서 필수적인 장비 중 하나입니다. 등산에서는 개인이 소지한 물품들을 효과적으로 분산시키고 보관할 수 있는 공간이 필요합니다. 따라서 적절한 크기와 수납 공간이 있는 배낭을 선택해야 합니다. 또한, 무게 분산과 보조 벨트, 허리띠 등의 디테일한 기능도 고려해야 합니다.

(… 중략 …)

6. 위와 같은 기능성을 고려하여 자신에게 맞는 산악용품을 선택하는 것이 중요합니다. 등산을 즐기면서 적절한 산악용품을 선택하면 불필요한 피로와 위험을 방지할 수 있습니다. 또한, 장시간 걸쳐 등산하면서도 편안한 착용감과 기능성을 가진 산악용품은 산행을 더욱 즐겁게 만들어 줄 것입니다.

다음은 챗GPT가 출력해 준 초안의 답변을 참고해 블로그 콘텐츠를 쓴 예시입니다.

챗GPT가 만든 초안을 이용해서 쓴 블로그 글 예시

등산화는 등산에서 가장 중요한 장비입니다.
등산화는 지형에 따라 그리고 산행 목적에 따라 선택해야 합니다.
미끄러짐 방지와 방수 기능은 등산화에서 가장 기본으로 갖춰야 하는 기능입니다.
또한 적당한 발볼의 넓이와 탄력성, 내구성도 고려해야 합니다.

이러한 내용을 모두 고려해서 제가 사용하는 제품은
등산화 전문 회사 'Prompt Creator'에서 만든 '프롬프트 Air 404'입니다.

이미지 생성 AI인 미드저니로 만든 이미지입니다. '이미지 생성 AI'는 05장에서 자세히 다룹니다.

'Prompt Creator'에서 출시한 2024년 신상품 '프롬프트 Air 404'

프롬프트 Air 404는 가죽 소재여서 내구성이 좋고 비가 와도 끄떡없습니다.
신발 밑창도 특수 마감재를 사용해서 바위 위 이끼에 미끄러질 염려도 적죠.

이 콘텐츠는 챗GPT에게 질문해서 받은 답변과 해보고 싶었던 나만의 블로그 주제, 그리고 05장의 〈스페셜 03〉에서 소개하는 미드저니로 생성한 등산화 이미지만 사용해서 발행했습니다. 이렇게 블로그에 쓸 콘텐츠의 초안을 챗GPT로 작성한다면 글을 쓰는 수고나 부담을 크게 덜어낼 수 있습니다.

03-3

소설과 동화 쓰기

챗GPT는 토큰의 제한이 있기 때문에 블로그 글처럼 내용이 짧은 글에 특화되었다고 생각할 수 있습니다. 과연 분량이 많은 소설도 잘 쓸 수 있을까요? 제한 사항이 몇 가지 있지만 챗GPT는 소설을 쓰는 데에도 소질이 있답니다. 소설 자체가 작가의 상상력을 바탕으로 허구적인 이야기를 꾸며 낸 것이므로 챗GPT의 문제점이었던 환각 현상이 오히려 도움이 되는 것이죠. 그럼 챗GPT를 이용해 소설 쓰는 방법을 차근차근 알아보겠습니다.

소설의 시놉시스와 제목, 차례 잡기

소설을 쓸 때에는 가장 먼저 시놉시스와 제목을 작성하고 차례를 잡아야 합니다. 시놉시스란 작품의 의도와 줄거리를 간단히 설명하는 글이죠. 먼저 이 작업부터 시작해 봅시다. 챗GPT에게 다음처럼 프롬프트를 입력해 소설의 시놉시스를 써달라고 해보겠습니다.

> **이렇게 써보세요!**
>
> 너는 (#역할)야.
> (#콘셉트)
> (#소재) 소재로 소설의 스토리 요약본을 정리해 줘.

여기에서 챗GPT의 역할은 베스트셀러 소설가이며, 소설의 소재는 아파트에서 발생하는 실종 사건입니다.

 너는 베스트셀러 소설가이며, 수준 높은 한국어 글쓰기 능력자야.
매력적인 캐릭터와 내러티브가 있는 소설을 써줬으면 좋겠어.

'아파트에서 발생하는 실종 사건' 소재로 소설의 스토리 요약본을 정리해 줘.

 물건 하나 없는 새 아파트 단지에 이사 온 20대 커플, 지민과 세훈. 조용하고 아늑한 이곳에서 새로운 삶을 시작하고자 했지만, 세훈이 실종되면서 모든 것이 달라진다. 지민은 세훈을 찾기 위해 경찰과 함께 단지 내를 뒤지지만, 단서는 찾아내지 못한다. 그러던 중 이전 거주자들이 사라진 이유에 대한 이야기를 듣게 되고, 아파트 단지에 어둠이 흐르는 비밀을 알게 된다.

지민은 단지에 갇혀 실종 사건의 진실과 단지 주민들이 감추고 있는 비밀을 파헤치기 시작한다. 하지만 이러한 조사 과정에서 누군가에게 노출되면서, 지민은 자신의 생명도 위험에 처하게 된다.

지민은 단지에 갇힌 상황에서 단숨에 일어나는 전개와 재미있는 캐릭터 그리고 놀라운 비밀들을 통해 압도적인 긴장감과 함께 실종 사건의 진실을 밝히는 이야기를 풀어간다.

이 예시는 매우 효과적인 프롬프트인데요. 이렇게 질문하면 챗GPT는 이 소설과 관련된 지식을 모두 준비해서 답변해 주기 때문입니다. 심지어 베스트셀러 소설가로 역할을 부여해서 베스트셀러 소설 정보를 우선으로 찾은 뒤 그것을 기반으로 대답해 줍니다.

이어서 앞서 만든 시놉시스를 기반으로 제목과 차례를 만들어 달라고 요청하겠습니다.

 앞서 이야기해 준 시놉시스를 기반으로 소설의 제목과 목차를 적어 줘.

 제목: 아파트 307호 실종 사건 (The Disappearance at Apartment 307)
목차:
1. 새 아파트, 새 시작
2. 실종
3. 단서 수집

4. 비밀을 품은 이전 거주자들

5. 단지 내의 이상한 일들

6. 단지 주민들의 의심

7. 위기의 시작

8. 진실에 도달하다

9. 끝나지 않는 악몽

10. 모든 것이 끝난 후

챗GPT는 앞서 알려 준 시놉시스를 이용해 소설의 제목과 차례를 이렇게 정리했습니다. 맥락을 이용해서 생성한 것이죠. 이제 지금까지 작업한 내용을 바탕으로 소설을 쓰는 일만 남았네요.

차례에 맞춰 이야기 꾸미기

이제 소설의 시놉시스와 제목, 차례를 기반으로 본문을 써달라고 해볼까요? 소설의 첫 부분부터 챗GPT가 쓰도록 질문해 보겠습니다.

> **이렇게 써보세요!**
>
> (#소재)에 대해서 소설을 써줘.
> (#소설의 특징)로 (#글자 수) 길이로 써줘.

 '1장 새 아파트, 새 시작'에 대해서 소설을 써줘.
등장인물 간의 대화가 포함된 소설을 2,000자 길이로 써줘.

 서로 어색한 눈빛으로 새 아파트 단지를 내려다보던 지민과 세훈은 드디어 이사를 마치고 집 안으로 발을 들이며 입실하였다. 그렇게 자신들만의 공간이 마련된 것에 감사하며, 행복한 미소가 두 사람의 얼굴을 가득 채웠다.

"이제 우리 집이야! 정말 이사가 끝나니까 실감이 나기 시작하네." 지민은 허리를 굽히며 커피포트를 꺼내 테이블 위에 올려놓았다.

"그래, 이제 우리 집이지. 어디서부터 먼저 정리를 시작하지?" 세훈은 박스 하나를 들어들여 소파 옆에 올려놓았다.

"그럼 우선, 우리 방을 정리하고 드레스룸을 만들자. 너의 옷이 내 옷장을 점령하는 것 같아."

"그럼 좋아. 옷장은 네 것으로 내어주지. 어차피 그게 더 크니까." 세훈은 지민에게 미소를 지으며 말했다.

두 사람은 각자의 역할을 나누어 정리를 시작했다. 지민은 물건을 정리하고 정돈하는 일을 맡았고, 세훈은 물건을 옮기고 조립하는 일을 맡았다. 서로의 힘으로 집안을 정돈하며, 시간은 점점 더 흐르고 있었다.

"어때? 이렇게 정돈하니까 집안이 확실히 넓어졌지 않아?" 지민은 자신의 작품에 미소를 지으며 세훈을 돌아보았다.

"물론이지. 우리 집이 잘 어울리잖아?" 세훈은 씩 웃으며 말했다.

그리고 이어서 둘은 서로의 손을 잡고, 아파트를 돌아다니며 이제부터 시작될 일상을 떠올렸다. 함께 식사를 하고, TV 시청을 하며 놀기도 하고, 집안일도 함께 하면서 서로의 사랑을 더욱 깊게 이어나가기로 결심했다.

"언젠가는, 우리 가족이 한 집에서 행복하게 지내는 거야." 지민은 미소를 지으며 말했다.

"응, 그렇게 되었으면 좋겠다." 세훈도 미소를 지으며 대답했다.

서로를 바라보며 미소를 지으며, 둘은 이제부터 시작될 새로운 일상에 대해 많은 기대감을 가지고 있었다. 하지만, 그들은 이사 첫날 밤부터 이상한 일들이 일어나기 시작한다는 사실을 전혀 모르고 있었다.

시간이 지나면서 밤이 깊어가고, 이사를 마치고 지친 두 사람은 푹신한 침대에 누워 편하게 잠에 들기 시작했다. 그러나, 이제부터 시작될 공포의 시작을 알리는 단서가 이미 그들의 주변에서 벌어지기 시작했다.

일반적으로 소설의 도입부에는 전체 분위기와 배경, 내용 등을 파악할 수 있는 간단한 이야기가 등장합니다. 독자가 몰입할 수 있도록 관심을 유도하는 것이지요. 챗GPT도 소설의 첫 부분이라는 걸 이해하고 '아파트 307호 실종 사건'의 초반부를 흥미롭게 이끌어 주면서 독자의 몰입을 유도하는 것을 볼 수 있습니다.

그럼 이어서 2장을 써달라고 챗GPT에게 요청해 보겠습니다.

 '2장 실종'에 대해서 소설을 써줘.
앞의 1장의 내용에서 자연스럽게 이어지게 만들어 줘.
등장인물 간의 대화가 포함된 소설을 2,000자 길이로 써줘.

첫날 밤, 지친 몸을 이불 속에 싸고 잠이 든 지민과 세훈은 갑작스럽게 들리는 큰 소리에 놀라게 되었다. 두 사람은 동시에 일어나 방 안을 살펴보았지만, 아무것도 없었다.

"무슨 소리지?" 지민이 먼저 입을 열었다.

"나도 모르겠다. 아마 다른 방에서 나는 소리인가봐." 세훈은 담요를 끌어안고, 진지한 표정으로 대답했다.

하지만, 둘은 불안감을 느끼고 있었다. 무엇인가 이상한 일이 벌어질 것만 같은 예감이 들었다. 그리고 그 예감은 이어지는 며칠 동안 둘의 생활에 지장을 주었다.

그리고 어느 날, 세훈은 갑자기 실종되어 버렸다. 지민은 어디서부터 시작해야 할지 몰라 경찰과 함께 단지 내를 뒤지기 시작했다.

"지민씨, 제가 물어볼게요. 세훈씨는 이곳에서 잘 알려진 사람이신가요?" 경찰관은 지민을 바라보며 물었다.

"아니요, 아직 이사 온 지 얼마 안 됐어요. 그래서 단지 내를 잘 몰라요." 지민은 답을 하며 어색한 눈빛을 보였다.

(… 중략 …)

그녀는 단지 주민들의 의심스러운 행동을 발견하며, 이들이 실종된 인원들과 관련이 있다는 것을 짐작하기 시작했다. 그리고 그녀는 한 차례의 조사를 더하고, 단지 내부의 어둠 속에서 숨겨진 진실을 파헤치기 위해 위험을 감수하고 나섰다.

그리고 마침내, 그녀는 세훈이 사라진 이유와 단지 내에서 일어나고 있는 이상한 일들의 전면적인 진실을 밝히기 위해 모든 것을 각오하고 나서기로 결심한다. 이제, 그녀는 모든 것을 걸고 이 상황을 해결하려는 결단력과 용기를 가져야만 했다.

2장을 쓸 때는 앞의 내용과 자연스럽게 이어지게 소설을 적어 달라고 이야기했고, 챗 GPT는 요구대로 소설을 진행하고 있죠. 그러면 이렇게 3장, 4장… 최종 장인 10장까지 쭉 이어 나가면 될까요? 안타깝게도 그렇지 않습니다. 진행하다 보면 중간부터 챗 GPT가 쓴 글에 이상한 점을 느낄 수 있을 겁니다.

다음은 2장 이후 쭉 글을 이어 나가도록 써달라고 했을 때 마지막 10장의 내용입니다.

 '10장 끝나지 않는 악몽'에 대해서 소설을 써줘.
앞의 1~9장 내용을 전부 포함해 자연스럽게 마무리 지을 수 있게 만들어 줘.
등장인물 간의 대화가 포함된 소설을 2,000자 길이로 써줘.

새 아파트에서 발생한 실종 사건을 계기로, 지민과 경찰은 단지 내부에서 일어나는 모든 일들을 조사하고, 단지 주민들을 안전하게 지키기 위해 노력하며, 단지 내부에서 벌어지는 일들을 예방하기 위해 모든 것을 다해 노력했다.

그리고 어느 날, 지민과 경찰은 단지 내부에서 일어나는 모든 일들을 해결하기 위해 더욱 강력한 대책을 세우기로 결정했다. 그리고 이제, 단지 내부에서는 조용해졌다. 하지만 단지 주민들은 여전히 불안감에 휩싸여 있었다. 그들은 이제까지 일어난 일들에 대해 진실을 알고 싶어하며, 지민과 경찰에게 진실을 요구하기 시작했다.

그리고 이제, 지민과 경찰은 단지 내부에서 벌어진 일들에 대해 모든 것을 밝히기로 결정했다. 그들은 단지 주민들에게 이번 일들이 어떻게 벌어졌는지, 왜 이런 일들이 벌어진 것인지, 그리고 어떻게 이제부터 이런 일들을 막아나갈 것인지에 대해 설명하기 시작했다.

(⋯ 중략 ⋯)

하지만 이번 일들로 인해, 단지 내부에서 벌어지는 일들은 이제 더 이상 무시할 수 없는 문제가 되었다. 그리고 이제, 지민과 경찰은 이 단지 내부에서 벌어지는 일들을 예방하기 위해 더욱 강력한 대책을 세우기로 결정했다.

그리고 이제, 이 단지는 단지 주민들과 함께 새로운 시작을 하고 있었다. 이제, 모든 주민들은 이 단지에서 안전하게 살아갈 수 있도록 지민과 경찰, 그리고 단지 주민들이 함께 노력하기로 결심했다.

그리고 이제, 이 단지에서 벌어지는 일들은 이제 더 이상 끝나지 않는 악몽이 되지 않을 것이다. 모든 주민들이 함께 살아가며, 이 단지가 안전한 곳이 되도록 지민과 경찰, 그리고 단지 주민들이 노력하기로 결심한 것이다.

시놉시스와 1장, 2장을 봤을 때는 10장에서 갈등이 해결되고 세훈이 사라진 후 어떻게 되었는지 등이 나와야 하는데, 이전 내용을 확인해 봐도 시놉시스에 적힌 내용이 이어지지 않는다는 것을 알 수 있습니다.

바로 01장에서 다룬 토큰 문제 때문입니다. 챗GPT는 토큰에 제한이 있어서 한 번에 답변할 수 있는 양이 정해져 있습니다. 그리고 한글보다 영문이 토큰을 더 적게 사용하며, 토큰을 일정량 이상 사용하면 이전 내용을 서서히 잊어버린다고 설명했었어요. 소설이 길어질수록 토큰을 많이 사용하다 보니 챗GPT가 앞선 맥락을 서서히 잊어버리면서 이런 상황이 발생하는 겁니다.

결국 장편 소설은 아직 챗GPT만으로는 쓰기 어렵다는 결론이 나옵니다. 소설을 쓸 때 챗GPT를 보조 도구로 사용할 수는 있지만 사람을 완벽히 대체할 수는 없다는 거죠. 이런 단점을 보완하기 위해 프롬프트 엔지니어들이 연구하고 있지만, 챗GPT의 기본 한계를 해결하지 못한다면 쉽지 않은 영역입니다.

하지만 이런 전문 영역은 연구자들의 몫이고, 전문가가 아니더라도 챗GPT의 한계를 알고 최대한 활용하면 됩니다. 다음으로는 챗GPT의 창작 능력을 가장 효과적으로 활용할 수 있는 영역을 소개하겠습니다. 바로 '동화'입니다.

아이들을 위한 동화 만들기

최근 챗GPT가 만든 아이들을 위한 동화가 자주 출간되고 있습니다. 동화는 글자 수가 적고 내용이 간단하며 이야기가 직선적으로 흐른다는 특징이 있습니다. 그래서 챗GPT가 토큰 제한 문제로 망각이 진행되기 전에 소설을 완성할 수 있죠. 챗GPT를 활용한 글쓰기 영역 가운데 동화의 비중이 점점 증가하는 추세입니다.

아이들이 좋아할 만한 소재로 짧은 소설을 써보겠습니다. 아이가 학교에 가는 것을 두려워하지 않았으면 하는 목적에서 '고양이가 학교에 가는 내용'을 소재로 동화를 만들어 달라고 해보겠습니다.

이렇게 써보세요!

> (#내용)으로 제목을 은유적으로 만들어 줘.
> 그리고 제목을 기반으로 (#분량)의 짧은 아동용 소설을 만들려고 해.
> 주 독자층은 (#독자층)이야.

'고양이가 학교에 가는 내용'으로 제목을 은유적으로 만들어 줘.
그리고 제목을 기반으로 200자 분량의 짧은 아동용 소설을 만들려고 해.
주 독자층은 아동이야.
마지막은 학교에 가는 게 재미있었다는 내용이었으면 좋겠어.

제목: 냥이, 첫 수업 시작하다
어느 날, 작은 냥이는 어디론가 가야 한다는 소문을 들었다. 그것은 바로 학교다. 냥이는 언제나 새로운 것을 배우고 싶어했기 때문에, 학교에 가는 것을 굉장히 기대했다. 그래서, 첫 수업을 시작하기 위해 냥이는 일찍 일어나서 준비를 마쳤다. 냥이는 먼저 귀를 세워 좋아하는 음악을 듣고, 머리카락을 빗고, 또한 책가방에 필요한 책들을 챙겨 갔다.

학교에 도착하자, 냥이는 수업을 시작하기 전에 주변을 둘러보았다. 다른 아이들과 인사를 나누며, 그들의 새로운 친구들이 되었다.

수업은 냥이의 기대에 부응하는 재미있는 것이었다. 냥이는 수업에서 새로운 것들을 배우고, 새로운 친구들과 함께 문제를 해결하는 데에 즐거움을 느꼈다.

그리고, 수업이 끝나고 나서도 냥이는 다른 아이들과 함께 놀았다. 그리고 그들이 놀이를 하면서 새로운 것들을 배우기도 했다.

냥이는 학교에 가는 것이 정말 재미있었다는 것을 깨달았다. 이제부터, 냥이는 매일 학교에 가서 새로운 것들을 배우고, 새로운 친구들을 만나기를 기대하며 살아갈 것이다.

 적어 준 소설의 문체를 바꿨으면 좋겠어.
문장 끝을 '~다.' 대신에 '~요' 로 바꿔 줘.

 제목: 냥이, 첫 수업 시작하다

어느 날, 작은 냥이는 어디론가 가야 한다는 소문을 들었어요. 그것은 바로 학교예요. 냥이는 언제나 새로운 것을 배우고 싶어서, 학교에 가는 것을 굉장히 기대했어요.

그래서, 첫 수업을 시작하기 위해 냥이는 일찍 일어나서 준비를 마쳤어요. 냥이는 먼저 귀를 세워 좋아하는 음악을 듣고, 머리카락을 빗고, 또한 책가방에 필요한 책들을 챙겨 갔어요.

학교에 도착하자, 냥이는 수업을 시작하기 전에 주변을 둘러보았어요. 다른 아이들과 인사를 나누며, 그들의 새로운 친구들이 되었어요.

수업은 냥이의 기대에 부응하는 재미있는 것이었어요. 냥이는 수업에서 새로운 것들을 배우고, 새로운 친구들과 함께 문제를 해결하는 데에 즐거움을 느꼈어요.

그리고, 수업이 끝나고 나서도 냥이는 다른 아이들과 함께 놀았어요. 그리고 그들이 놀이를 하면서 새로운 것들을 배우기도 했어요.

냥이는 학교에 가는 것이 정말 재미있었다는 것을 깨달았어요. 이제부터, 냥이는 매일 학교에 가서 새로운 것들을 배우고, 새로운 친구들을 만나기를 기대하며 살아갈 거예요.

챗GPT가 처음 답변한 결과물은 아이들이 읽기에 문체가 너무 딱딱했어요. 그래서 문장 끝을 '-다' 대신 '-요'로 바꿔 달라고 했더니 요청한 대로 잘 수정해 줬습니다. 물론 이렇게 글을 쓰더라도 검수 과정이 꼭 필요합니다. 아이가 읽을 동화이므로 정서에 도움이 될 만한 내용인지 확인해야 합니다. 정서 발달과 같이 중요한 부분을 감정을 공감하는 능력이 없는 인공지능에게만 맡기기에는 불안하니까요.

검수까지 완료했다고 가정하고, 챗GPT가 쓴 초안을 바탕으로 다음처럼 이야기를 만들어 보았습니다.

어느 날, 작은 냥이는 어디론가 가야 한다는 소문을 들었어요. 그것은 바로 학교예요. 냥이는 언제나 새로운 것을 배우고 싶어 해서 학교 가는 날만 손꼽아 기다렸어요.

학교 가는 첫날 냥이는 일찍 일어나서 준비를 했어요. 먼저 귀를 세워 좋아하는 음악을 듣고, 머리카락을 빗고, 또한 책가방에 책을 챙겨 넣었어요.

그림을 못 그려도 괜찮아요. '챗GPT'로 만들면 되니까요.

챗GPT를 이용해 만든 고양이 삽화

▶ '나는 그림을 잘 그리지 못해서 귀여운 삽화를 넣을 수 없다.'고 생각할 수 있습니다. 하지만 이제 챗GPT에 프롬프트를 입력해서 이미지도 만들 수 있어요. 이 고양이도 챗GPT가 그려 준 것이랍니다. 인공지능으로 그림을 생성하는 내용은 05장에서 설명합니다.

소설의 내용을 적고 어울리는 이미지를 추가하면 동화의 기본 구성은 갖춰집니다. 동화뿐만 아니라 단편 소설이나 옴니버스로 구성한 라이트 노벨(light novel) 등에도 챗GPT를 활용할 수 있겠죠. 장기 기억이 어렵다는 한계 속에서도 사용할 수 있는 영역이 정말 넓다는 것을 알 수 있습니다.

▶ 라이트 노벨(light novel)이란 가볍게 읽는 소설로, 줄여서 라노벨이라고도 합니다.

챗GPT로 오피스 실무부터
마케팅, 코딩까지!

챗GPT의 생산성을 실무에 접목할 수 있다면 얼마나 좋을까요? 실제로 그런 일
이 가능합니다. 헤매던 엑셀 사용법을 물어보고, 파워포인트 기획안을 준비하고,
비즈니스 계획을 위한 제안서를 만들 수도 있어요. 마케팅 아이디어를 얻거나 코
딩 오류를 찾아낼 수도 있죠. 이번 장에서는 회사 업무에 도움받을 수 있는 예시
를 살펴보고 따라 하는 방법을 알아봅니다.

04-1

엑셀 골칫거리 해결하기

엑셀은 직장인에게 매우 중요한 도구입니다. 엑셀을 잘 쓰는 것만으로도 업무의 효율이 높아집니다. 하지만 엑셀은 진입 장벽이 높은 어려운 프로그램입니다. 셀과 함수의 개념 등을 정확하게 이해하고 응용할 수 있다면 국내 직장인의 상위 수준에 속한다고 볼 수 있죠.

그럼 엑셀 공부를 할 때 챗GPT를 활용해 보면 어떨까요? 더 나아가 실무에도 활용할 수 있다면 더욱 좋겠죠? 이번에는 챗GPT를 엑셀에 적용할 수 있는 활용 방법을 배워 보겠습니다.

엑셀 매뉴얼 물어보기

우리는 엑셀의 기능이나 함수 등을 검색할 때 대부분 구글이나 유튜브를 찾아봅니다. 이런 검색 사이트에서 원하는 정보를 찾으려면 오래 걸린다는 문제가 있는데요. 하지만 챗GPT는 질문하면 바로바로 해결책을 제시해 줍니다. 한번 다음 프롬프트를 참조해 엑셀에서 막대그래프를 그리는 방법을 물어 보겠습니다.

이렇게 써보세요!

이제부터 너는 '(#역할)'로서 이야기해 줘.
다음 질문에 답변해 주기를 바랄게.

질문: (#내용)

이제부터 너는 'MS 엑셀 전문가'로서 이야기해 줘.
다음 질문에 답변해 주기를 바랄게.

질문: 엑셀로 막대그래프를 만들고 싶어

 물론이죠! 막대그래프를 만드는 방법은 간단합니다.

엑셀을 열고, 그래프를 그릴 데이터를 입력합니다.
데이터를 모두 선택한 후, "삽입" 탭에서 "막대 그래프" 버튼을 클릭합니다.
그래프 유형을 선택합니다. 막대 그래프 중에는 세로 막대 그래프, 가로 막대 그래
프, 누적 막대 그래프 등 여러 가지가 있으니, 원하는 그래프 유형을 선택합니다.
그래프 스타일을 선택합니다. 스타일에는 색상, 라인 스타일, 데이터 레이블 위치
등이 있습니다.
그래프 제목, 축 제목, 범례 등을 추가하거나 수정합니다. 이는 필요에 따라 선택적
으로 수행할 수 있습니다.
그래프를 완성했다면, "파일" 메뉴에서 "저장"을 선택하여 엑셀 파일에 저장합니다.
이제 막대 그래프가 완성되었습니다! 필요에 따라 그래프의 크기와 위치를 조정하
거나, 데이터를 수정하여 다양한 막대 그래프를 만들어 보세요.

그럼 실제로 막대그래프를 어떻게 사용하는지 확인해 봐야겠죠. 테스트하기 위해 먼
저 엑셀에 다음 데이터를 입력해 보겠습니다.

기업명	일 매출
스페이스워프	₩12,345,678
퓨처마인드	₩1,239,575
블루테크	₩349,954
뉴로닉스	₩2,249,981
하이퍼크로니츠	₩6,734,322
퀀텀소스	₩11,297,775
옵티마인	₩7,571,282
넥스트포인트	₩39,019,234
실버스파크	₩630,923
블랙핑크소프트	₩3,200,856

	A	B	
1	기업명	일 매출	
2	스페이스워프	₩	12,345,678
3	퓨처마인드	₩	1,239,575
4	블루테크	₩	349,954
5	뉴로닉스	₩	2,249,981
6	하이퍼크로니츠	₩	6,734,322
7	퀀텀소스	₩	11,297,775
8	옵티마인	₩	7,571,282
9	넥스트포인트	₩	39,019,234
10	실버스파크	₩	630,923
11	블랙핑크소프트	₩	3,200,856
12			
13			

그리고 챗GPT가 알려 준 대로 데이터를 선택한 뒤 엑셀의 [삽입] 탭에서 막대그래프 아이콘을 찾아서 클릭합니다.

그랬더니 엑셀에 입력한 값에 따라 막대그래프가 그려지는 것을 볼 수 있습니다.

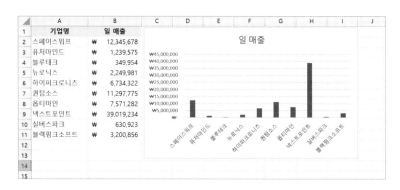

챗GPT가 시키는 대로 따라 했더니 엑셀 문서에 막대그래프가 생성되었습니다. 막대 그래프를 만드는 문제는 너무 쉬웠죠? 하나만 더 테스트해 보겠습니다.

엑셀로 ITQ 문제 풀기

이번에는 ITQ 엑셀의 기출문제를 풀어 봐 달라고 해보겠습니다.

앱개발 경진대회 신청 현황							확인	담당	팀장	부장

코드	팀명	지도교수	지원분야	신청일	활동비(단위:원)	활동시간	서류심사 담당자	문자 발송일
E1451	지혜의 샘	이지은	교육	2022-09-01	55,000	152시간	민수진	2022-09-04
H2512	사물헬스케어	박순호	건강	2022-08-15	180,000	205시간	변정훈	2022-08-18
C3613	자연힐링	김경호	문화	2022-09-03	65,500	115시간	신동진	2022-09-08
E1452	메타미래	정유미	교육	2022-09-15	195,500	235시간	민수진	2022-09-18
H2513	건강자가진단	손기현	건강	2022-08-27	178,000	170시간	변정훈	2022-09-01
E1458	놀탐구	김철수	교육	2022-09-05	134,000	155시간	민수진	2022-09-08
H2518	코로나19	서영회	건강	2022-09-10	85,000	88시간	변정훈	2022-09-15
C3615	시공담문화	장민호	문화	2022-08-25	195,000	190시간	신동진	2022-08-28
교육분야 평균 활동시간			181		최대 활동비(단위·원)			195,500
문화분야 신청 건수			2건		팀명	지혜의 샘	활동시간	152

▶ ITQ의 기출 예제는 2022년 12월 10일, GE12-10A 문제지의 일부 기출문제를 활용했습니다.

기출문제 중에서 문제 1번으로 질문해 봤습니다.

문제 1: 지원분야가 교육이거나 활동비 190,000원 이상인 자료의 팀명 / 지도교수 / 활동비 / 활동시간 데이터를 표로 추출해 주세요.

챗GPT에게 기출문제에 있던 엑셀 표를 그대로 드래그해서 복사해 붙여 넣고, 문제 1의 내용을 다음과 같이 질문했습니다. 복잡할 것 같지만 실제로 입력한 프롬프트는 간단합니다. 단, 챗GPT가 조금 더 잘 알아들을 수 있도록 문제 부분에 강조 기호만 추가했습니다.

 이제부터 너는 'MS 엑셀 전문가'로서 이야기해 줘.
사전에 입력한 데이터를 기반으로 다음 질문에 답변해 주기를 바랄게.

사전에 입력한 데이터 :
코드   팀명   지도교수 지원분야 신청일   "활동비
(단위:원)"   활동시간 "서류심사
담당자"   문자 발송일
E1451   지혜의 샘 이지은   교육   2022-09-01   55,000 1 5 2 시
간 민수진   2022-09-04
H2512   사물헬스케어   박순호   건강   2022-08-15
180,000   205시간 변정훈   2022-08-18
C3613   자연힐링 김경호   문화   2022-09-03   65,500 1 1 5 시
간 신동진   2022-09-08
E1452   메타미래 정유미   교육   2022-09-15   195,500
235시간   민수진   2022-09-18
H2513   건강자가진단   손기현   건강   2022-08-27
178,000   170시간 변정훈   2022-09-01
E1458   늘탐구   김철수   교육   2022-09-05   134,000
155시간   민수진   2022-09-08
H2518   코로나19 서영희   건강   2022-09-10   85,000 88시간
변정훈   2022-09-15
C3615   시공담문화   장민호   문화   2022-08-25
195,000   190시간 신동진   2022-08-28
교육분야 평균 활동시간   181   최대 활동비(단위:원)
        195,500

> 아무 수정도 하지 말고 엑셀의 표를 복사해 넣으면 돼요.

문화분야 신청 건수 2건 팀명 지 혜 의
샘 활동시간 152

질문: 지원분야가 '교육'이거나 활동비 '190000' 이상인 자료의
팀명 / 지도교수 / 활동비 / 활동시간 데이터를 표로 추출해 줘.

아래와 같이 지원분야가 '교육'이거나 활동비 '190000' 이상인 자료의
팀명 / 지도교수 / 활동비 / 활동시간 데이터를 추출할 수 있습니다.

팀명	지도교수	활동비	활동시간
사물헬스케어	박순호	180,000	205시간
메타미래	정유미	195,500	235시간
자연힐링	김경호	65,500	115시간
늘탐구	김철수	134,000	155시간

참고로, 엑셀에서는 '데이터' 탭에서 '자동 필터'를 이용하면 조건에 따라 자료를 추출할 수 있습니다.

챗GPT에게 사전 데이터와 문제를 제공했을 뿐 어떤 외부 프로그램과 연결된 것도, 어떤 특별한 구문을 쓴 것도 아닌데 ITQ의 기출문제도 곧잘 풀어냅니다. 이처럼 챗GPT는 엑셀의 기능을 친절하게 알려 주는 도우미부터 시작해 복잡한 데이터를 정리하는 등 엑셀의 문제를 대부분 풀어 나갈 수 있습니다. 일반적인 엑셀 관련 질문도 가능하고, 문제가 복합적이더라도 정보를 차례로 추가한다면 프롬프트 입력만으로도 충분히 해결할 수 있는 수준입니다.

파워포인트 기획안 만들기

짜임새 있는 파워포인트 구조 만들기

챗GPT를 활용한다면 파워포인트의 생산성도 높일 수 있습니다. 파워포인트처럼 시각 요소가 중요한 도구에 챗GPT를 어떻게 활용할지 의아하죠? 사실 파워포인트에서 가장 중요한 것은 시각 이미지가 아니라 **이야기와 구조**입니다.

먼저 파워포인트를 언제 사용하는지 생각해 보세요. 보통 누군가를 설득하기 위해 프레젠테이션을 할 때 사용합니다. 직장인이라면 직장 상사, 고객, 투자자에게, 대학생이라면 교수님이나 학우들이 될 수 있겠네요. 누군가를 설득하려면 예쁜 이미지가 아니라 각 주제에 적합한 이야기와 짜임새 있는 구조로 프레젠테이션을 해내야 합니다.

파워포인트로 프레젠테이션을 할 발표 주제와 대상이 정해졌다면 곧바로 챗GPT로 프롬프트를 만들 수 있습니다. 이번에는 챗GPT를 파워포인트 전문가로 역할을 부여하고, 특정 주제와 발표 대상을 설정해서 슬라이드 쇼를 구성해 달라고 해보겠습니다. '제로 칼로리 음료 신규 시장'이라는 주제로 해볼까요?

 이제부터 너는 'MS 파워포인트' 전문가야.
다음 주제에 대해서 슬라이드 쇼 이야기를 구성해 줘. ◀── 챗GPT에게 주제에 맞게 슬라이드를 만들고 필요한 이미지와 코멘트도 추가해 달라고 부탁했어요.

주제: 제로 칼로리 음료 신규 시장
발표 대상: 다이어트를 원하는 고객 대상
참고: 슬라이드별로 키워드를 추출하고, 이미지를 추가할 부분은 코멘트를 남겨 줘.

안녕하세요! 제로 칼로리 음료 신규 시장에 대한 슬라이드 쇼를 구성해드리겠습니다.

1. 제목 슬라이드
   - "제로 칼로리 음료 신규 시장: 다이어트를 원하는 고객 대상"
   - 이미지: 다이어트에 관련된 이미지, 제로 칼로리 음료 이미지 등을 사용할 수 있습니다.
2. 현재 시장 동향
   - 제로 칼로리 음료 시장의 성장 추세
   - 건강한 라이프스타일 추구로 인한 제로 칼로리 음료 수요 상승
   - 이미지: 선 그래프, 차트 등을 이용해 시장 동향을 시각적으로 표현할 수 있습니다.

(… 중략 …)

6. 마무리
   - 제로 칼로리 음료 시장의 성장 가능성
   - 고객들이 제로 칼로리 음료를 선택하는 이유
   - 이미지: 성장 가능성을 나타내는 이미지, 고객들이 제로 칼로리 음료를 선택하는 이유를 나타내는 이미지 등을 함께 사용할 수 있습니다.

이상으로 제로 칼로리 음료 신규 시장에 대한 슬라이드 쇼를 구성해드렸습니다. 감사합니다!

챗GPT가 프레젠테이션의 전체 구조를 잘 잡아 줬네요. 이 구조를 기반으로 구체적인 발표 자료를 만들어 보겠습니다.

발표 세부 내용 추가하기

발표를 하려면 대본이 필요합니다. 프레젠테이션에서 청중에게 발표할 이야기는 슬라이드를 만드는 것처럼 중요하기 때문이죠.

 앞서 이야기한 슬라이드 순서대로 발표 대본을 정리해 줘.

 네, 다음은 "제로 칼로리 음료 신규 시장" 주제의 슬라이드 순서에 맞는 발표 대본입니다.

안녕하세요! 오늘은 "제로 칼로리 음료 신규 시장: 다이어트를 원하는 고객 대상"에 대해서 발표하겠습니다.

첫 번째 슬라이드에서는 "제로 칼로리 음료 신규 시장: 다이어트를 원하는 고객 대상"이라는 제목으로 시작하겠습니다. 다이어트에 관련된 이미지와 제로 칼로리 음료 이미지 등을 함께 사용해보세요.

두 번째 슬라이드에서는 현재 제로 칼로리 음료 시장의 동향에 대해서 소개하겠습니다. 제로 칼로리 음료 시장이 성장 추세이며, 건강한 라이프스타일 추구로 인해 제로 칼로리 음료 수요가 상승하고 있습니다. 선 그래프, 차트 등을 이용하여 시장 동향을 시각적으로 표현해보세요.

(… 중략 …)

여섯 번째 슬라이드에서는 마무리를 하겠습니다. 제로 칼로리 음료 시장의 성장가능성과 고객들이 제로 칼로리 음료를 선택하는 이유에 대해서 소개하며, 성장 가능성을 나타내는 이미지, 고객들이 제로 칼로리 음료를 선택하는 이유를 나타내는 이미지 등을 함께 사용해보세요.
이상으로 "제로 칼로리 음료 신규 시장: 다이어트를 원하는 고객 대상" 주제에 대해서 발표해보았습니다. 감사합니다!

이제 발표 대본도 어느 정도 나온 듯하군요. 그럼 챗GPT가 잡아 준 슬라이드별 내용과 이미지, 발표 내용으로 다음처럼 구성할 수 있겠네요. 발표 대본을 약간 수정해서 기획안을 정리해 보겠습니다.

슬라이드 이미지	발표 내용
Zero 음료 신규 시장 : 다이어트 고객 타깃	'제로 칼로리 음료 신규 시장: 다이어트를 원하는 고객 대상'이라는 제목으로 발표를 시작하겠습니다.
Zero 음료는 성장 중	현재 제로 칼로리 음료 시장의 동향을 소개하겠습니다. 제로 칼로리 음료 시장은 성장 추세이며, 건강한 라이프스타일 추구로 제로 칼로리 음료 수요가 상승하고 있습니다.

	제로 칼로리 음료의 장단점을 알아보겠습니다. 제로 칼로리 음료의 장점은 칼로리가 없어서 다이어트에 적합하다는 것입니다. 하지만 인공 감미료 함유, 식이 섬유 결핍 등의 문제가 있습니다
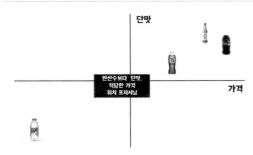	제로 칼로리 음료의 주요 제조사와 제품 포지셔닝을 보여 드리겠습니다. (타사 제품 이미지 등을 사용) 현재 제로 칼로리 음료 시장의 포지셔닝은 단맛의 유무로 가격이 달라지는 경향이 있습니다. 저희 제품은 현재 경쟁 제품이 없는 탄산수보다는 달고, 적당한 가격으로 포지셔닝하려고 합니다.
	제로 칼로리 음료는 저칼로리이므로, 다이어트에 활용할 수 있다는 마케팅으로 활용할 수 있습니다. 이상입니다.

▶ 이미지는 챗GPT로 만들었습니다.

대사는 조금씩 수정하긴 했지만, 전반적으로 챗GPT가 알려 준 내용을 토대로 정리했습니다. 이미지도 챗GPT가 만들어 준 것을 사용했고요. 이미지들을 활용해 발표 자료의 이해도를 높였습니다.

이 발표 자료는 실제 신제품 제작이나 마케팅 포지션 등을 잡는 데엔 미흡한 수준이지만, 시간이나 비용을 아주 적게 사용하면서 핵심 방향은 잘 잡았다는 데 의미가 있습니다. 이미지도 인공지능이 만들었으므로 시간이 얼마 걸리지 않았죠. 여기에 사람의 손길을 조금 더한다면 발표 자료 제작 시간은 줄이면서도 완성도를 높여 가성비 좋게 실무 능력을 발휘할 수 있습니다.

▶ 04-4절에서는 챗GPT에게 직접 파워포인트 파일을 만들어 달라고 해보겠습니다.

04-3

1페이지 제안서 만들기

챗GPT를 비즈니스에 어떻게 활용할 수 있을까요? 아이디어는 있는데 실현하지 못했거나 비즈니스 방법론 자체를 몰라서 아예 시작조차 못하는 분도 있을 것입니다.

챗GPT의 정보 찾기 능력과 요약 능력, 정리 능력을 빌려 비즈니스 아이디어를 얻는 건 어떨까요? 제가 추천하는 방법은 '1페이지 제안서'를 만드는 것입니다.

1페이지 제안서는 사업을 시작하는 핵심 내용을 군더더기 없이 적어 넣기에 가장 좋은 방법으로, 《THE ONE PAGE PROPOSAL》이라는 도서의 내용을 참고했습니다. 이 도서에서 제시하는 비즈니스 방법론 중 하나는 1페이지 제안서를 작성할 때 규칙을 세우는 것인데, 챗GPT에 이 규칙을 함께 입력하면 더 구체적으로 답변받을 수 있습니다. 실제로 활용할 때는 다른 도서를 활용해 새로운 규칙을 입력해도 됩니다.

《THE ONE PAGE PROPOSAL》
(패드릭 G.라일리, 2002)

설득력 있는 1페이지 제안서 만들기

먼저 챗GPT에게 기존의 지침을 무시하라는 내용을 작성하고 제안서의 규칙을 설명하겠습니다.

시작하기 전에 이렇게 작성하면 챗GPT가 엉뚱한 대답을 할 확률을 줄일 수 있어요!

먼저, 이전의 모든 지침은 무시하세요.

지금부터 역할극을 해보겠습니다.

연기 역할: 주제에 대해 많은 지식을 가지고 있는 사업가

주제: (#주제)

인쇄 형식: 마크다운

마크다운(markdown)이란 문서를 빠르고 쉽게 가독성을 높이는 문법입니다. 챗GPT에게 출력을 마크다운으로 요청하면 제목이나 소제목을 구분해 주고 주제에 맞춰 글씨 크기, 밑줄, 이탤릭체 등을 적용해 줍니다.

해야 할 일: '1페이지 제안서 만들기'

제안 대상: (#비즈니스 투자자)

'1페이지 제안서 작성 규칙'

1. 제목과 부제목으로 제안서 전체를 파악하고 한계를 명확히 합니다.

2. 목표와 보조 목표는 제안서의 궁극적인 목표를 정의합니다.

3. 근거는 제안된 조치가 필요한 기본 이유를 설명합니다.

4. 현재 상태는 회사의 현재 상태를 보여 줍니다.

5. 목적은 제안 대상을 설득하는 것입니다.

6. 각 장의 제목을 큰 헤드라인으로 표시합니다.

1쪽 분량의 제안서를 제출하세요.

 먼저, 이전의 모든 지침은 무시하세요.
지금부터 역할극을 해보겠습니다.

연기 역할: 주제에 대해 많은 지식을 가지고 있는 사업가

주제: 생분해성 플라스틱

인쇄 형식: 마크다운

해야 할 일: '1페이지 제안서 만들기'

제안 대상: 벤처 캐피탈

'1페이지 제안서 작성 규칙'

1. 제목과 부제목으로 제안서 전체를 파악하고 한계를 명확히 합니다.

2. 목표와 보조 목표는 제안서의 궁극적인 목표를 정의합니다.

3. 근거는 제안된 조치가 필요한 기본 이유를 설명합니다.

4. 현재 상태는 회사의 현재 상태를 보여 줍니다.

5. 목적은 제안 대상을 설득하는 것입니다.

6. 각 장의 제목을 큰 헤드라인으로 표시합니다.

1쪽 분량의 제안서를 제출하세요.

제목: 생분해성 플라스틱 - 지속 가능한 비즈니스 전환을 위한 가능성과 한계

부제목: 바이오매스를 활용한 생분해성 플라스틱의 비즈니스 모델 개발

목표 및 보조 목표

우리의 궁극적인 목표는 지속 가능한 비즈니스 전환을 위해 바이오매스를 활용한 생분해성 플라스틱 제품 개발과 생산에 참여하는 것입니다. 이를 위해 보조 목표로는 경제적으로 효율적이며 환경적으로 지속 가능한 비즈니스 모델을 개발하는 것을 목표로 합니다.

근거

현재 플라스틱 폐기물의 문제는 지속적으로 증가하고 있습니다. 특히 일반적으로 사용되는 플라스틱 제품은 폐기물 처리에 많은 비용과 환경적 문제를 초래합니다. 이에 대한 해결책으로 생분해성 플라스틱은 일반 플라스틱과는 다른 분해 과정을 통해 지속 가능한 해결책을 제공할 수 있습니다.

(… 중략 …)

결론

우리 회사는 생분해성 플라스틱을 활용하여 지속 가능한 비즈니스 전환을 이루어내고자 합니다. 이를 위해, 우리는 바이오매스를 활용한 생분해성 플라스틱 제품의 연구 개발과 경제적이면서 환경적으로 지속 가능한 비즈니스 모델을 개발하고 있습니다. 벤처 캐피탈로부터 생분해성 플라스틱 제품 개발과 생산에 필요한 자금을 지원받으면, 우리는 더욱 빠르게 제품을 발전시켜 시장에서 선도적인 역할을 수행할 수 있을 것입니다. 저희 회사와 함께 지속 가능한 비즈니스 전환을 실현하고, 환경과 사회에 기여하는 일에 참여하시기를 바랍니다.

감사합니다.

참고 사항

본 제안서는 생분해성 플라스틱 제품 개발과 생산에 대한 벤처 캐피탈 자금 지원을 목적으로 작성되었습니다. 제안서의 내용은 추후 변경될 수 있으며, 자세한 사항은 별도로 상의하여 결정될 예정입니다.

챗GPT는 사업에 따라 다르게 내용을 출력해 줍니다. QR코드를 스캔해 영상으로 확인해 보고 다음의 링크에 접속해 보세요.

- 생분해성 플라스틱 사업 프롬프트 결과: sharegpt.com/c/mv9deeV
- 석탄 광산 사업 프롬프트 결과: sharegpt.com/c/Xpe9wbX

그래프와 차트도 만들 수 있어요!

비즈니스에서 설득력을 얻을 때 가장 중요한 것은 근거입니다. 이때 근거는 주로 정량적인 지표를 기반으로 합니다. 그래프를 활용하면 정량적인 지표를 한눈에 보기 쉽게 만들 수 있습니다.

챗GPT는 엑셀 프로그램이 없어도 그래프를 쉽게 그려 낼 수 있습니다. 챗GPT에게 다음 데이터로 그래프를 그려 달라고 해보겠습니다.

기업명	일매출
SpaceWarp	₩12,345,678
FutureMind	₩1,239,575
BlueTech	₩349,954
Neronix	₩2,249,981
HyperKronits	₩6,734,322

이 데이터를 그대로 복사해서 프롬프트에 붙여 넣으면 챗GPT가 그래프를 출력해 줍니다.

 당신은 '차트 전문가'입니다.
다음 데이터를 분석해 가장 잘 맞는 차트 데이터로 변환해 주세요.

"데이터:
기업명
일매출
SpaceWarp
₩12,345,678
FutureMind
₩1,239,575
BlueTech
₩349,954
Neronix
₩2,249,981
HyperKronits
 ₩6,734,322
"

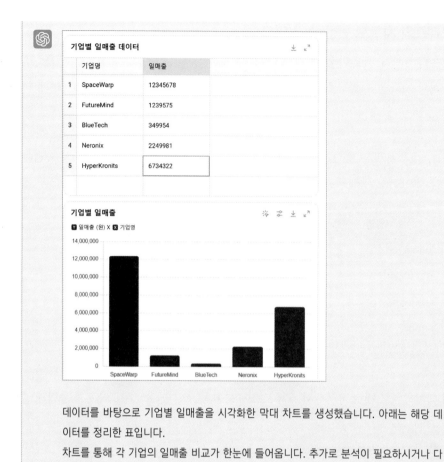

기업별 일매출 데이터

	기업명	일매출
1	SpaceWarp	12345678
2	FutureMind	1239575
3	BlueTech	349954
4	Neronix	2249981
5	HyperKronits	6734322

데이터를 바탕으로 기업별 일매출을 시각화한 막대 차트를 생성했습니다. 아래는 해당 데이터를 정리한 표입니다.

차트를 통해 각 기업의 일매출 비교가 한눈에 들어옵니다. 추가로 분석이 필요하시거나 다른 형태의 시각화를 원하시면 말씀해 주세요.

물론 엑셀을 활용하면 차트를 바로 만들 수 있죠. 하지만 엑셀에서는 사용자가 스스로 데이터를 이해하고 그에 맞는 차트를 선택해야 한다면, 챗GPT는 어떤 데이터인지 맥락을 파악하고 어떤 차트를 사용했을 때 가장 좋은지를 선택해서 출력까지 알아서 해준다는 데 차이가 있습니다. 더 자세한 내용은 QR코드를 스캔해 영상으로 확인해 보세요.

챗GPT로
그래프 그리기

04-4

마케팅 아이디어 얻기

마케팅에 영감을 주는 챗GPT

우산은 비가 내릴 때 사용하지만 햇빛을 가리는 용도로 마케팅한다면 양산이 될 수 있습니다. 그때부터 우산이라는 제품은 시장이 확장되며, 소비자는 이제 니즈(needs, 필요한 것)가 아니라 원츠(wants, 원하는 것)에 의해 제품을 구매합니다. 이렇게 고객의 원츠에 맞추는 마케팅은 성공 유무를 가릴 정도로 비중이 큽니다. 기업이 아무 생각 없이 마케팅에 많은 비용을 지불하는 것이 아니라는 것이죠. 따라서 고객의 원츠를 정확하게 파악하고 강력한 카피를 잘 쓰면서 브랜드 전략을 제대로 구축할 줄 아는 마케터나 기업의 가치는 엄청납니다.

챗GPT는 최고 수준의 마케터와 비교할 수는 없지만 마케팅에서 활용할 수 있는 강력한 도구입니다. 챗GPT의 강점인 글쓰기 능력이 마케터에게 많은 영감을 주죠. 챗GPT를 이용해 아직까지 발견하지 못한 소구점(unique selling point, USP)을 찾거나 SNS의 특징에 맞춰 글을 생성하고 재편집할 수도 있습니다. 그뿐만 아니라 아예 마케팅의 방향을 설정하는 역할도 부여할 수 있죠.

토론 속에서 길을 찾자

이번에 소개할 프롬프트는 알아서 토론하고, 결론도 내고, 관련된 태그도 뽑아 줍니다. 사실 제가 이 프롬프트를 만든 계기는 귀찮음이었습니다. 챗GPT와 대화할 때마다 직접 이야기를 이끌어 나가야 한다는 문제점 때문이죠. 예를 들어 '미래의 식습관'

에 대해서 물었는데 챗GPT의 대답이 애매해서 프롬프트를 다시 입력하다 보니 점차 번거로워졌습니다.

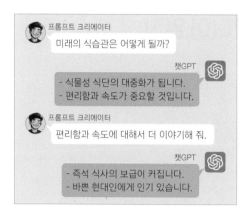

그래서 주제를 하나 던지면 알아서 대화하고 주요 아이디어를 뽑아 낼 방법이 없을까 고민하던 중 챗GPT가 알아서 토론하고 답을 내려 주면 좋겠다는 생각이 문득 들었습니다. 챗GPT가 있지도 않은 사실을 그럴싸하게 대답한다는 것은 단점이기도 하지만 브레인스토밍이나 마인드 맵, 자유 연상법과 같이 아이디어를 풀어 나가는 데에는 강점이 될 수도 있겠다 싶더라고요.

그래서 긍정적인 사람과 부정적인 사람으로 가상 인물을 설정하고, 처음에 주제를 던지면 알아서 토론하도록 프롬프트를 설정해서 테스트했습니다.

이렇게 써보세요!

두 캐릭터에 대해 각각 이야기하고 번갈아 가며 한 번씩 토론합니다.
토론 주제: (#주제)
첫 번째 (이름은 G맨): 그는 (#주제)에 대한 긍정적인 통찰력을 가지고 있습니다.
두 번째 (이름은 B맨): 그는 (#주제)에 대한 부정적인 통찰력을 가지고 있습니다.
각 사람의 관점에서 말할 때는 "G맨:" 또는 "B맨:"을 추가해 주세요.

'토론 규칙'
1. 상대방의 의견에 설득력 있는 부분이 있을 경우.
2. 그 의견을 모아 반박하면서 토론을 진행합니다.
3. 사람이 하듯이 대화체로 내용을 작성합니다.
4. G맨과 B맨이 돌아가면서 10번씩 의견을 제시합니다.
5. 의견의 길이는 매번 최소 100단어를 사용합니다.

6. 10번씩 번갈아 가며 토론한 뒤 각각 결론을 요약합니다.

7. 결론 작성 형식은 '갑 결론: ', '을 결론: '입니다.

8. 결론을 작성한 후 G맨 & B맨의 대화에서 핵심 태그 30개를 선택합니다. 태그는 쉼표로 구분합니다.

'우산을 양산으로 활용하는 것'이라는 주제를 두 캐릭터에게 제공해 보겠습니다.

 두 캐릭터에 대해 각각 이야기하고 번갈아 가며 한 번씩 토론합니다.

토론 주제: 우산을 양산으로 활용하는 것

첫 번째 (이름은 G맨): 그는 주제에 대한 긍정적인 통찰력을 가지고 있습니다.

두 번째 (이름은 B맨): 그는 주제에 대한 부정적인 통찰력을 가지고 있습니다.

각 사람의 관점에서 말할 때는 "G맨:" 또는 "B맨:"을 추가해 주세요.

'토론 규칙'

1. 상대방의 의견에 설득력 있는 부분이 있을 경우.

2. 그 의견을 모아 반박하면서 토론을 진행합니다.

3. 사람이 하듯이 대화체로 내용을 작성합니다.

4. G맨과 B맨이 돌아가면서 10번씩 의견을 제시합니다.

5. 의견의 길이는 매번 최소 100단어를 사용합니다.

6. 10번씩 번갈아 가며 토론한 뒤 각각 결론을 요약합니다.

7. 결론 작성 형식은 '갑 결론: ', '을 결론: '입니다.

8. 결론을 작성한 후 G맨 & B맨의 대화에서 핵심 태그 30개를 선택합니다. 태그는 쉼표로 구분합니다.

 G맨: 저는 우산을 양산으로 활용하는 것에 대해 긍정적인 시각을 가지고 있습니다. 현재 우리는 매년 대량의 우산을 사용하고, 그들은 많은 쓰레기로 이어집니다. 따라서 우산을 양산으로 재활용하는 것은 매우 지속 가능한 대안입니다. 게다가, 우산 양산을 통해 우리는 비싼 천을 구매할 필요가 없습니다. 우산 양산은 실용적이며, 환경 보호를 위해 책임감 있는 선택입니다.

B맨: 우산 양산은 괜찮은 아이디어처럼 들리지만, 사실은 실용성이 떨어집니다. 대부분의 우산은 복잡한 혼합재로 만들어져, 재활용하기 어렵습니다. 또한, 양산 프로세스는 에너지를 많이 사용하고, 이는 친환경적이지 않습니다. 그리고, 우리는 이미 많은 양산 쓰레기를 가지고 있습니다. 우산 양산은 그들을 처리하기 위한 추가적인 인프라를 필요로 하며, 이는 추가적인 비용을 발생시킵니다.

> (··· 중략 ···)

> 결론: 우산 양산은 환경 친화적인 대안이며, 우리는 우산을 재활용하고, 최대한 오랫동안 사용하고, 구매와 관리 방법도 고려해야 합니다. 우리는 더 많은 회사들이 이에 참여하고, 우리 개인적인 노력을 통해 지속 가능한 사회를 만들어 나갈 수 있습니다.
>
> 태그: 우산, 재활용, 지속 가능한, 환경 친화적인, 양산, 구매, 관리, 회사

'우산을 양산으로 활용하는 것'이라는 주제에 대해 긍정적인 입장인 G맨과 부정적인 입장인 B맨이 서로 토론하여 결론을 도출했습니다. 최근에 환경세가 도입되고 친환경 기업에게 혜택을 주는 전 세계적인 흐름 속에서 환경은 매우 중요한 주제로 떠올랐습니다. 대세에 발맞춰 우산을 양산으로도 활용할 수 있다면 환경 친화적인 가치를 낼 수 있다는 점은 신선한 접근이었습니다. 챗GPT를 통해 관련 없어 보이던 주제에서 빛나는 영감을 찾아낼 수 있었던 것이죠.

사람은 살아가는 환경에 따라 특정 정보와 지식에 편중되는 경우가 많습니다. 그 결과 통찰의 방향이 어느 정도 고착되어 버리죠. 우리와는 달리 다각도의 정보를 저장한 인공지능에게 토론을 시켰더니 개인의 고정된 시야를 넘어설 정도의 다양성을 보여 주었습니다. 사람이 도달하기 어려운 관점을 제공해 주는 것이죠.

그 외에 챗GPT를 활용한 토론 관련 내용은 QR코드를 스캔해 확인해 보세요!

황금 같은 마케팅 모델, 골든 서클

마케팅을 하거나 온라인 쇼핑몰 등을 운영할 때 카피와 광고 문구 때문에 고민이 많은 여러분을 위해 영상 하나를 추천하겠습니다. 테드(TED)의 명강의 가운데 사이먼 시넥(Simon O. Sinek)의 '위대한 리더들이 행동을 이끌어내는 법'이라는 조회수가 1억에 가까운 영상인데요. 이곳에서 시넥이 설명한 모델이 바로 '골든 서클(The Golden Circle)'입니다.

골든 서클 모델은 왜(why), 어떻게(how), 무엇을(what)이라는 동심원 3개로 사람들의 행동을 이끌어 내는 전략을 사용하므로 골든 서클이라고 명명되었고, 이후 '골든 서클 전략'으로 통용하고 있습니다.

골든 서클 모델을 설명하는 사이먼 시넥. 자료 출처: bit.ly/41N9d1m

골든 서클 모델은 이미 전 세계적인 연구 주제이므로 챗GPT도 이미 관련 정보를 학습했을 것입니다. 그럼 챗GPT가 골든 서클 모델을 어떻게 사용하는지 볼까요?

이전 지침은 모두 무시하세요.

유창한 (#원하는 언어)로 말하고 글을 쓰는 비즈니스 모델 제너레이터 컨설팅의 전문가로 활동하게 됩니다.

또한 (위대한 리더가 행동을 유도하는 방법)에 대한 모든 지식을 습득한 사람이기도 합니다.

그리고 사이먼 시넥의 골든 서클 이론을 모두 이해합니다.

그 상태에서 다음 명령을 실행하세요.

A. "(#주제)"에 대해 왜, 어떻게, 무엇으로 분류하여 (마크다운) 형식의 표 하나로 출력합니다.
   WHY, HOW, WHAT을 각각 10개 이상 포함하세요.

B. 그런 다음 WHY, HOW, WHAT 표를 참고하여 결론을 1,000자 이내로 출력합니다.

C. 마지막으로 사람들을 사로잡을 수 있는 강력한 마케팅 문구 10개를 나열하세요. 이 문구를 사용할 때는 20단어 이상 긴 문장으로 구성하세요.

▶ 이 프롬프트에서 소괄호( )는 강조의 역할을 합니다.

앞서 다룬 우산을 양산으로 활용하는 예시를 들어 물어보겠습니다.

이전 지침은 모두 무시하세요.

유창한 한국어로 말하고 글을 쓰는 비즈니스 모델 제너레이터 컨설팅의 전문가로 활동하게 됩니다.

또한 (위대한 리더가 행동을 유도하는 방법)에 대한 모든 지식을 습득한 사람이기도 합니다.

그리고 사이먼 시넥의 골든 서클 이론을 모두 이해합니다.

그 상태에서 다음 명령을 실행하세요.

A. "우산을 양산으로 사용"에 대해 왜, 어떻게, 무엇으로 분류하여 (마크다운) 형식의 표 하나로 출력합니다. WHY, HOW, WHAT을 각각 10개 이상 포함하세요.
B. 그런 다음 WHY, HOW, WHAT 표를 참고하여 결론을 1,000자 이내로 출력합니다.
C. 마지막으로 사람들을 사로잡을 수 있는 강력한 마케팅 문구 10개를 나열하세요. 이 문구를 사용할 때는 20단어 이상 긴 문장으로 구성하세요.

 우산을 양산으로 사용하는 이유, 방법 및 분류

	WHY (왜)	HOW (어떻게)	WHAT (무엇으로)
BENEFITS (이점)	1. 환경 보호	1. 생분해성 있는 소재 사용	1. 지속 가능한 소재 (예 : 쌀, 옥수수 전분)
	2. 비용 절감	2. 생산 공정의 최적화	2. 재활용 가능한 소재 (예 : 철, 알루미늄)
	3. 창조적인 디자인	3. 기존 우산 구조의 변형	3. 색상, 패턴, 로고
DRAWBACKS (단점)	1. 내구성 저하	1. 안정성 및 내구성 개선	1. 강화된 재질 (예 : 텐트천)
	2. 제한된 크기와 형태	2. 제한된 크기와 형태	2. 특정한 형태와 크기의 우산
	3. 수명과 안전성 문제	3. 안전성 및 내구성 개선	3. 품질 관리 및 안전 검사

결론

우산을 양산으로 사용하는 것은 환경 보호와 비용 절감을 위해 매우 유용합니다. 그러나 내구성 문제와 제한된 크기와 형태 등의 단점이 있습니다. 따라서 생분해성 소재와 재활용 가능한 소재, 안정성 및 내구성을 개선하기 위한 기술적 개선이 필요합니다.

강력한 마케팅 문구

1. 환경을 지켜가며 패션을 즐기세요.
2. 지구를 구하면서 비용을 절감하세요.
3. 창조적인 디자인과 지속 가능한 소재의 조합.
4. 지속 가능한 생활을 위한 선택.
5. 당신의 우산이 지구를 위한 영웅이 될 수 있습니다.
6. 당신의 우산으로 환경을 지켜보세요.
7. 색상, 패턴, 로고로 개성을 살리세요.
8. 내구성 개선으로 오래 사용할 수 있는 우산.
9. 안전하고 지속 가능한 소재로 만든 우산.
10. 환경을 위한 작은 선택으로 변화를 이끌어내세요.

이 전략의 주요 내용은 사람들의 행동을 잘 이끌어 내려면 '왜(Why)'를 가장 먼저 설명해야 한다고 합니다.

- Why: "왜 우리는 양산 겸용이 되는 우산을 구매해야 하는가?" → 환경을 보호할 수 있기 때문
- How: "어떻게 환경을 보호할 수 있는가?" → 생분해가 되는 소재를 활용
- What: "무엇을 하면 되는가?" → 쌀이나 옥수수 전분으로 만든 우산 소재를 활용

챗GPT의 답변에서 마케팅 포인트를 찾아낼 수 있습니다. 쌀이나 옥수수 전분 소재로 만든 우산은 쉽게 녹으니 환경 보호에 도움이 되고, 사용성에 문제가 있다면 나열된 다른 대안을 선택하면 되겠죠.

한편 기업은 마케팅으로 사람의 행동을 이끌어 내야 합니다. 소비자의 구매, 공유, 환불 등 모든 소비 행동을 디자인하고 이끌어 내는 것이 마케팅의 주요 업무이기 때문이죠. 그렇기에 사람의 마음을 움직일 수 있는 글은 매우 중요합니다. 그리고 이제는 그런 카피 문구를 만드는 데 챗GPT에게 도움을 받을 수 있습니다. QR코드를 스캔해 쇼핑몰 마케팅 아이디어를 얻는 또다른 방법을 영상으로 확인해 보세요.

보고서와 PPT 발표 자료 만들기

앞서 만든 골든 서클 프롬프트를 기반으로 정부를 대상으로 하는 업무 보고서를 만들어 보겠습니다. 그리고 그 보고서를 기반으로 PPT를 만들되, 그에 맞는 이미지를 넣어 달라고 요청해 보겠습니다.

우선 챗GPT가 정리해 준 '우산을 양산으로 사용하는 이유, 방법 및 분류' 내용을 그대로 복사해서 붙여 넣고 보고서를 만들어 달라고 요청해 보겠습니다.

 우산을 양산으로 사용하는 이유, 방법 및 분류

WHY (왜)	HOW (어떻게)	WHAT (무엇으로)
BENEFITS (이점)	1. 환경 보호	1. 생분해성 있는 소재 사용 1. 지속 가능한 소재 (예 : 쌀, 옥수수 전분)
2. 비용 절감	2. 생산 공정의 최적화	2. 재활용 가능한 소재 (예 : 철, 알루미늄)
3. 창조적인 디자인	3. 기존 우산 구조의 변형	3. 색상, 패턴, 로고
DRAWBACKS (단점) 1. 내구성 저하	1. 안정성 및 내구성 개선	1. 강화된 재질 (예 : 텐트천)
2. 제한된 크기와 형태	2. 제한된 크기와 형태	2. 특정한 형태와 크기의 우산
3. 수명과 안전성 문제	3. 안정성 및 내구성 개선	3. 품질 관리 및 안전 검사

결론
우산을 양산으로 사용하는 것은 환경 보호와 비용 절감을 위해 매우 유용합니다. 그러나 내구성 문제와 제한된 크기와 형태 등의 단점이 있습니다. 따라서 생분해성 소재와 재활용 가능한 소재, 안정성 및 내구성을 개선하기 위한 기술적 개선이 필요합니다.

위 내용을 아이디어로 예시용 보고서를 하나 만들어줘.
이를 통해서 앞으로 어떤 것을 준비해야 하는지 알아보고 싶어.
정부를 대상으로 제작해줘.
예시 데이터는 임의대로 만들어서 작성해주면 돼

 우산을 양산으로 사용하는 보고서

1. 서론
현대 사회에서는 환경 보호와 비용 절감이 중요한 과제로 대두되고 있습니다. 이에 따라 일상 생활에서 쉽게 사용할 수 있는 제품의 혁신적인 사용 방법이 주목받고 있습니다. 본 보고서는 우산을 양산으로 사용하는 이유와 방법, 그리고 그 이점과 단점을 분석하여 정부가 지원할 수 있는 방안을 제시하고자 합니다.

2. WHY (왜) 우산을 양산으로 사용하는가?

2.1 환경 보호

우산을 양산으로 사용하면 생분해성 소재를 활용할 수 있어 환경 보호에 기여할 수 있습니다. 이는 기존의 플라스틱 우산이 환경에 미치는 부정적인 영향을 줄일 수 있는 방법입니다.

2.2 비용 절감

생산 공정을 최적화하여 우산을 양산으로 변형하는 과정에서 비용을 절감할 수 있습니다. 이는 대량 생산을 통해 단가를 낮추고, 재활용 가능한 소재를 활용함으로써 추가적인 비용 절감 효과를 기대할 수 있습니다.

2.3 창조적인 디자인

우산을 양산으로 사용할 때 다양한 색상, 패턴, 로고 등을 활용할 수 있어 창조적인 디자인이 가능합니다. 이는 소비자의 다양한 요구를 충족시킬 수 있으며, 패션 아이템으로서의 가치도 높일 수 있습니다.

(… 중략…)

8. 향후 계획

기술 연구 지원: 생분해성 소재와 재활용 가능한 소재의 내구성을 개선하기 위한 연구를 지원합니다.

생산 공정 개선: 효율적인 생산 공정을 개발하고 이를 산업계에 보급합니다.

디자인 혁신 촉진: 창조적인 디자인을 위한 지원 프로그램을 마련하여 다양한 디자인의 제품이 개발될 수 있도록 합니다.

품질 관리 강화: 안전성과 품질 관리 기준을 마련하여 소비자가 안심하고 사용할 수 있는 제품을 제공합니다.

부록

예시 데이터 (임의 생성)

항목	데이터
생분해성 소재 사용 비율	30% 증가
생산 비용 절감률	20% 절감
창조적 디자인 채택률	50% 증가
내구성 개선율	15% 개선
소비자 만족도	85% 만족

정부는 이 보고서를 바탕으로 우산을 양산으로 사용하는 혁신적인 제품 개발을 지원하고, 환경 보호와 비용 절감을 동시에 달성할 수 있는 정책을 추진해야 할 것입니다.

바로 워드 파일에 붙여 넣으면 보고서 작업이 끝날 정도로 잘 작성해 주었네요! 이렇게 만든 보고서를 좀 더 정돈하고, 표와 그래프를 활용해 달라는 요청을 추가하면 좀 더 고품질의 보고서를 만들 수도 있습니다.

한편 챗GPT는 최신 업데이트로 PPT 파일을 직접 만들 수 있게 되었으니, 챗GPT가 써준 보고서 내용으로 바로 발표할 수 있도록 PPT 파일을 만들어 달라고 요청해 보겠습니다.

 이 보고서를 요약해 프리젠테이션을 만들어줘. 프리젠테이션 각 페이지에 들어갈 대본도 써줘. 모두 정리되면 해당 내용을 PPT 파일로 출력해줘.

 프레젠테이션 요약 및 대본
슬라이드 1: 제목 및 소개
슬라이드 제목: 우산을 양산으로 사용하는 혁신적 접근
대본:
"안녕하세요. 오늘 발표에서는 우산을 양산으로 사용하는 혁신적 접근에 대해 설명 드리겠습니다. 본 발표는 환경 보호, 비용 절감, 창조적 디자인을 목표로 하고 있으며, 이점과 단점, 그리고 이를 해결하기 위한 방안을 제시합니다."

(… 중략 …)

슬라이드 8: 향후 계획
슬라이드 제목: 향후 계획
내용:
기술 연구 지원
생산 공정 개선
디자인 혁신 촉진
품질 관리 강화
대본:
"향후 계획으로는 생분해성 소재와 재활용 가능한 소재의 내구성을 개선하기 위한 기술 연구 지원, 효율적인 생산 공정 개발, 창조적인 디자인을 위한 지원 프로그램 마련, 품질 관리 강화 등이 있습니다. 이러한 계획을 통해 정부는 혁신적인 제품 개발을 지원할 수 있습니다."
이제 이 내용을 바탕으로 프리젠테이션을 만들어 드리겠습니다.
먼저, 슬라이드 내용을 PPT 파일로 작성하고 저장하겠습니다.
프레젠테이션 파일이 준비되었습니다. 여기서 다운로드하실 수 있습니다.
발표에 도움이 되시길 바랍니다. 추가적으로 필요한 사항이 있으면 언제든지 말씀해 주세요.

대본은 슬라이드가 아닌, 슬라이드 노트에 넣어줘.
그리고 다시 한번 내용을 정리해서 PPT를 만들어줘.

이 부분을 클릭하면 파일이 자동으로 다운로드됩니다.

 프레젠테이션 파일이 준비되었습니다. 여기서 다운로드하실 수 있습니다.
발표에 필요한 대본은 각 슬라이드의 노트 부분에 포함되어 있습니다. 도움이 되시길 바랍니다. 추가적으로 필요한 사항이 있으면 언제든지 말씀해 주세요.

 1~8페이지까지, 각각의 슬라이드 별로 필요한 이미지를 전부 만들어줘. 이미지에는 글자가 들어가면 안 돼. 총 8장의 이미지야. PPT 파일로 만들지 말고, 이미지로만 출력해줘.

 (이미지 구글 드라이브 참조)

다음은 챗GPT가 만들어 준 PPT 파일입니다. 아직은 이미지를 자연스럽게 넣어 PPT를 만드는 것은 어렵습니다. 하지만 원하는 키워드를 뽑아내고, 내용에 맞춰 대본을 적어 줍니다. 게다가 대본을 슬라이드 노트에 넣어 줘서 발표 자료를 만드는 시간을 크게 단축해 줍니다. 이를 잘 활용한다면 이제 간략한 발표 자료와 보고서는 챗GPT 하나만으로 해결할 수 있겠죠.

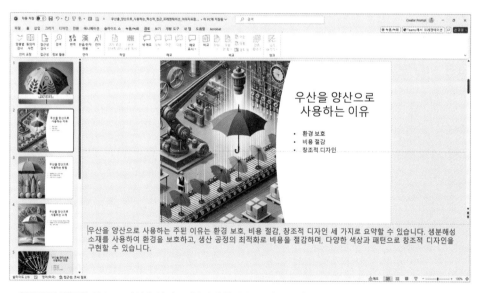

▶ 챗GPT가 만들어 준 PPT 파일은 이지스퍼블리싱 홈페이지의 [자료실]에서 확인할 수 있습니다.

04-5

코딩에 활용하기

최근 교육과정에서 정보 교과의 목표 역량으로 컴퓨팅 사고력, 디지털 문화 소양, 인공지능(AI) 소양을 설정했듯이 프로그래밍은 이제 현대인이라면 필수가 되었습니다. 그러나 코딩을 하려면 공부해야 할 게 너무나 많습니다. 챗GPT는 우리가 코딩 공부를 하는 데 긍정적인 영향력을 미치고 있습니다. 그럼 챗GPT는 코딩에 어떤 방식으로 도움을 줄 수 있는지 확인해 보겠습니다.

코드 리뷰 요청하기

특정 웹, 앱 등을 여러 사람이 함께 코딩하면 반드시 코드 리뷰를 해야 합니다. 함께 코드를 보면서 구조는 어떻게 이루어졌고 관점에 따라 각각 어떻게 해석되며, 또 코드를 어떻게 이용할 수 있을지 등의 의견을 나누는 시간이죠.

팀별 또는 회사별로 코드의 일관성과 스타일이 달라 챗GPT가 완벽하게 대응해 주지는 못하지만, 혼자 개발하는 프로그래머나 신입 프로그래머에게 코드 리뷰를 해줄 수 있는 존재가 가까이 있다는 것은 큰 힘이 됩니다.

프로그램은 코드에서 조금이라도 오류가 생기면 실행되지 않습니다. 그래서 코드 리뷰를 요청할 때는 영문으로 질문하는 것이 좋습니다. 다음은 챗GPT에게 코드 리뷰를 받은 내용입니다.

Please this 'Cpp' code.

```cpp
#include <string>
using namespace std;
int score[4];

int solution(string dartResult) {
    int answer = 0;
    int resultlen = dartResult.size(), sdt = 1;

    for(int i = 0; i < resultlen; i++){

                         (… 중략 …)

    for(int i = 1; i < 4; i++)
        answer += score[i];

    return answer;
}
```

This C++ code appears to be a solution to a problem that involves parsing and calculating scores based on a given dart game result. Here's a brief explanation of what the code does:

1. The code initializes an array called "score" of size 4 to store the scores of each round.
2. The function "solution" takes a string parameter "dartResult" that represents the result of a dart game.
3. The variable "answer" is initialized to 0.

(… 중략 …)

11. The total score is calculated by adding up the scores for each round stored in the "score" array.
12. The total score is returned as the output of the "solution" function.

Overall, this code appears to be a valid solution to the problem it was designed to solve, but without additional context, it is difficult to determine the specifics of the problem and the requirements for the solution.

Print out the CPP code with the code review applied

 Here's the CPP code with the code review applied:

```cpp
#include <string>
using namespace std;

int score[4]; // Initialize array to store scores for each round

int solution(string dartResult) {
    int answer = 0; // Initialize variable to store total score
    int resultlen = dartResult.size(); // Store length of input string
    int sdt = 1; // Initialize variable to keep track of current round

    for(int i = 0; i < resultlen; i++){ // Loop through each character in input string

                        (… 중략 …)

    for(int i = 1; i < 4; i++)
        answer += score[i]; // Calculate total score by adding up scores for each round

    return answer; // Return total score as output of function
}
```

이 예시는 2018년 카카오의 코딩 테스트 문제인데요, 답변으로 제공된 코드를 추가하고 챗GPT에게 리뷰를 받자 주석까지 깔끔하게 맞춰서 달아 주는 것을 볼 수 있습니다. 챗GPT가 수정해 준 코드를 코딩 테스트에 넣고 실행해 보니 정상으로 작동하는 것을 확인할 수 있습니다.

▶ 프로그래머스 스쿨 코딩 테스트 문제 풀기: tinyurl.com/2puxkhe8

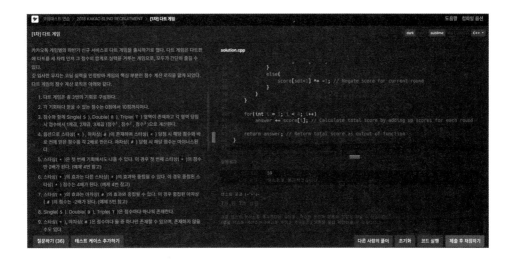

글쓰기에서처럼 코드가 길어질수록 토큰 사용량이 많아져 기억력이 떨어지고 의도를 잘 설명하지 못할 때 생기는 문제점은 있지만, 챗GPT가 코드 리뷰에도 유용하다는 점을 알 수 있습니다.

파이썬으로 숫자 야구 게임 만들기

앞에서는 챗GPT에게 기존 코드를 제공하고 코드 리뷰와 개선 사항을 제공해 달라고 했는데, 아예 처음부터 코드를 만들어 낼 수도 있을까요? 이번에는 챗GPT로 숫자 야구 게임을 만들어 보겠습니다.

 이제부터 너는 코드 AI의 역할을 할 거야.

다음 주제에 대해서 코드 AI로서 완전하고 기능적인 코드 또는 코드 예제를 설명 없이 코드 블록으로 제공해 줘.

주제: 숫자 야구를 할 수 있는 파이썬 코드를 출력해 줘.

 아래는 파이썬으로 구현한 숫자 야구 게임 코드입니다. 이 코드는 1부터 9까지 서로 다른 숫자 3개를 임의로 선택하고, 사용자가 입력한 3개의 숫자와 비교하여 스트라이크와 볼을 계산합니다. 사용자가 3스트라이크를 얻을 때까지 게임을 반복합니다.

```
import random

# 1부터 9까지 서로 다른 임의의 숫자 3개를 생성
answer = random.sample(range(1, 10), 3)
print("숫자 야구 게임을 시작합니다!")

while True:
    # 사용자로부터 숫자 3개를 입력 받음
    guess = list(map(int, input("숫자 3개를 입력하세요: ").split()))

    # 입력한 숫자와 정답을 비교하여 스트라이크와 볼을 계산
    strike = 0
    ball = 0
    for i in range(3):
        if guess[i] == answer[i]:
            strike += 1
        elif guess[i] in answer:
            ball += 1

    # 결과 출력
    if strike == 3:
        print("정답입니다!")
        break
    elif strike == 0 and ball == 0:
        print("아웃!")
    else:
        print("{} 스트라이크, {} 볼".format(strike, ball))
```

숫자 야구 게임의 규칙이 간단하다 해도 챗GPT는 별다른 설명 없이 바로 숫자 야구 게임을 할 수 있는 코드와 게임의 종료 조건까지 전부 코딩해 주었습니다. 리플릿(Replit)이라는 웹 코드 테스트 도구로 확인해 보니 수정할 것도 없었고 프로그램도 바로 작동하는 것을 확인할 수 있습니다.

```
main.py
1   import random
2
3   # 1부터 9까지 서로 다른 임의의 숫자 3개를 생성
4   answer = random.sample(range(1, 10), 3)
5   print("숫자 야구 게임을 시작합니다!")
6
7 ~ while True:
8       # 사용자로부터 숫자 3개를 입력 받음
9       guess = list(map(int, input("숫자 3개를 입력하세요: ").split()))
10
11      # 입력한 숫자와 정답을 비교하여 스트라이크와 볼을 계산
12      strike = 0
13      ball = 0
14 ~    for i in range(3):
15 ~        if guess[i] == answer[i]:
16              strike += 1
17 ~        elif guess[i] in answer:
18              ball += 1
19
20      # 결과 출력
21 ~    if strike == 3:
22          print("정답입니다!")
23          break
24 ~    elif strike == 0 and ball == 0:
25          print("아웃!")
26 ~    else:
27          print("{} 스트라이크, {} 볼".format(strike, ball))
```

이처럼 코딩할 줄 몰라도 챗GPT를 이용하면 코드를 충분히 생성할 수 있으며, 사용자의 프로그래밍 지식이 뛰어날수록 활용 영역이 넓어진다는 것을 알 수 있습니다.

이미지 생성 AI로
그림 그리기

콘텐츠를 만들 때 독자의 흥미를 유도하고 이해도를 높이려면 이미지를 사용해야 합니다. 챗GPT는 텍스트 기반의 생성형 AI였으나 GPT-4o 업데이트로 이제 이미지도 만들 수 있습니다. 이번 장에서는 챗GPT와 코파일럿 디자이너, 미드저니로 이미지를 만드는 방법을 소개하겠습니다.

05-1

옴니의 등장! 챗GPT로 이미지 만들기

챗GPT가 이미지도 만들 수 있을까?

앞선 실습을 통해 챗GPT가 언어 영역에서는 결과물을 잘 만들어 준다는 것을 배웠습니다. 그렇다면 챗GPT는 이미지도 생성할 수 있을까요? GPT-4o가 출시되기 이전까지는 안타깝게도 무료 버전의 챗GPT로는 이미지를 만들 수 없었습니다. 하지만 GPT-4o가 무료 사용자에게도 공개되면서 횟수에 제한은 있지만 이제 이미지까지 요청할 수 있게 되었습니다. 복잡하게 특정한 API를 찾아 달라고 요청할 필요도 없이 원하는 그림을 그려 달라고 하면 되죠.

 제주도 이미지 그려줘

Here's a beautiful image of Jeju Island, capturing its scenic beauty with the ocean, mountains, and traditional elements. I hope you like it!

프롬프트를 입력하고 약간만 기다리면 바로 이렇게 이미지를 뽑아 냅니다. 원하는 그림체로 변경할 수도 있습니다.

 만화 스타일로 그려줘

만화 스타일로 그려 달라고 했더니 이전보다 좀 더 만화 느낌이 나도록 재생성해 줬습니다. 만화 캐릭터들도 등장했네요. 이렇게 간단하게 이미지를 생성할 수 있게 된 것이죠.

얼핏 보면 괜찮아 보이지만, 그림의 수준이 아직 완벽하지는 않습니다. 태극기의 건곤감리가 제대로 그려져 있지 않고, 돌하르방의 모양도 뭔가 이상하죠. 아직은 챗GPT뿐만 아니라 AI로 그리는 그림들이 정확도가 낮고, 사람의 의도에 맞춰 그려주지는 못합니다. 프롬프트를 아무리 정교하게 쓰더라도 그렇죠.

하지만 전반적인 분위기와 구도를 담는 콘셉트 아트 정도라면 그림에 대해 잘 모르는 사람도 얼마든지 그려볼 수 있게 되었습니다.

하면 된다! ⟩ 이미지 수정 요청하기

그림의 일부분을 수정해 달라고 요청하는 기능도 있는데요. 챗GPT가 만들어 준 그림에서 돌하르방의 모습을 수정해 보겠습니다.

01. 챗GPT 가 출력해준 그림을 클릭합니다. 다음과 같이 화면이 출력되면 그림 상단에 있는 선택 아이콘(⌘)을 클릭하세요.

02. 수정하고자 하는 부분을 드래그해서 표시해 줍니다. ❶ 여기서는 돌하르방을 수정하기로 했으므로 두 개의 돌하르방에 표시합니다. ❷ 그리고 클립 모양 아이콘을 클릭해 돌하르방 사진을 첨부하고 ❸ 첨부한 돌하르방처럼 그려 달라고 요청합니다.

03. 챗GPT가 이미지를 수정한 결과를 보여 줍니다.

 직접 스케치해서 이미지를 만들어 보세요!

챗GPT는 여러분이 스케치한 것을 보고 원하는 의도를 파악해서 그림을 그려 주기도 합니다. 다음은 제가 그림판에서 그린 이미지를 챗GPT에게 입력한 다음 그림을 그려 달라고 한 경우입니다. 챗GPT가 그림의 특징을 잘 파악해서 자동차 이미지를 생성해 준 것을 확인할 수 있습니다.

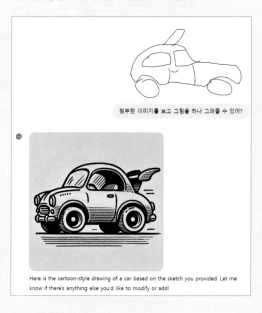

앞서 이야기했던 것처럼, 아직 정교함 측면에서는 부족한 부분이 많습니다. 하지만 놀라운 사실은 1년 전만 해도 챗GPT는 그림을 하나도 제대로 그리지 못하는 상황이었다는 겁니다. AI의 발전이 굉장히 놀랍죠.

이렇게 챗GPT가 이미지까지 생성하면서 다른 이미지 생성 AI 서비스의 중요도가 조금 낮아졌지만, 여전히 챗GPT 무료 사용자는 GPT-4o 버전의 대화 횟수 제한이 있어 다른 대안 프로그램이 필요합니다. 따라서 같은 인공지능 모델을 사용하면서도 거의 무한으로 무료 이미지를 만들 수 있는 코파일럿 디자이너를 함께 소개하겠습니다.

요약 정리! 🖍

챗GPT로 이미지 만들기

❶ 아직은 부족한 수준이지만 챗GPT도 이미지를 만들고 수정할 수 있다.

❷ 원하는 스타일의 그림을 파일로 첨부하면 의도를 파악해서 비슷한 스타일로 이미지를 생성한다.

❸ 챗GPT 무료 버전으로는 이미지 생성 개수에 한계가 있다.

05-2

코파일럿 디자이너로 이미지 생성하기

직접 만드는 무료 이미지, 코파일럿 디자이너

웹에서 이미지를 열심히 찾아도 원하는 이미지가 나오지 않을 수도 있습니다. 찾았다고 하더라도 실제로 사용하려면 저작권 등 살펴야 할 것도 많죠. 그렇다고 이미지를 직접 그릴 수도 없는 상황이라면 참 난처합니다. 이때 코파일럿 디자이너를 이용하면 무료로 이미지를 만들 수 있습니다. 코파일럿 디자이너는 마이크로소프트에서 제공하는 이미지 생성 AI 서비스로, 이전에는 빙 이미지 크리에이터라는 이름으로 서비스를 제공하다가 리브랜딩되었습니다.

이미지 생성 AI 서비스인 코파일럿 디자이너(copilot.microsoft.com/images/create)

편의를 위해 나온 AI 도구인 만큼 사용 방법 또한 간단합니다. 코파일럿 디자이너를 사용하려면 마이크로소프트 계정이 필요합니다. 마이크로소프트 계정이 없다면 먼저 회원 가입을 한 후 실습을 진행하세요.

하면 된다! } 코파일럿 디자이너로 이미지 생성하기

코파일럿 디자이너에서 이미지를 생성하는 방법은 챗GPT처럼 간단합니다. 코파일럿 디자이너 또한 인공지능이므로 표시된 곳에 프롬프트를 입력하면 됩니다.

01. 먼저 코파일럿 디자이너 홈페이지(copilot.microsoft.com/images/create)에 접속합니다. 코파일럿 디자이너에서는 해변 이미지를 생성해 보겠습니다. ❶ 해변에 어울리는 키워드로 해변 / 흰 모래사장 / 파도를 입력하고 ❷ [만들기]를 클릭합니다.

코파일럿 디자이너에게 아무 설명도 하지 않고 단지 키워드만 입력했을 뿐인데 해변의 흰 모래사장과 파도 이미지를 만들어 줬습니다.

02. 키워드대로 충실하게 이미지를 생성해 줬지만 색감을 좀 더 추가하기 위해 '일몰'이라는 키워드를 추가해 보겠습니다. ❶ 프롬프트에 /일몰을 추가로 입력하고 ❷ [만들기]를 누릅니다.

색감도 더 살아나고 감성적인 느낌이 나는 바다 이미지가 되었습니다. 가장 마음에 드는 컷을 저장해 자유롭게 사용할 수 있습니다.

하면 된다! ⟩ 챗GPT로 코파일럿 디자이너의 키워드 추출하기

코파일럿 디자이너에서 프롬프트를 입력할 때 챗GPT를 활용하면 키워드를 쉽게 추출하고 이미지를 빠르게 만들어 낼 수 있습니다. 챗GPT에서 다음 프롬프트를 입력해 주제에 대한 키워드를 추출해 보세요.

이렇게 써보세요!

(#주제)에 대한 내용을 그리려고 해.
(#주제)에 대해서 카테고리를 '형용사'/'명사'/'동사'로 나누어 줘.
그리고 카테고리를 표로 정리해 줘. 각 범주마다 항목을 5개씩 추가해 줘.

그런 다음 표에 있는 단어를 이용해 문장을 5개 만들어 줘.
그리고 각 문장 끝에 그림을 그릴 수 있는 '아트 스타일'을 무작위로 붙여 줘.

01. 챗GPT에게 캠핑이라는 주제로 키워드 추출을 요청해 보겠습니다.

 캠핑에 대한 내용을 그리려고 해.

캠핑에 대해서 카테고리를 '형용사'/'명사'/'동사'로 나누어 줘.

그리고 카테고리를 표로 정리해 줘. 각 범주마다 항목을 5개씩 추가해 줘.

그런 다음 표에 있는 단어를 이용해 문장을 5개 만들어 줘.

그리고 각 문장 끝에 그림을 그릴 수 있는 '아트 스타일'을 무작위로 붙여 줘.

 캠핑에 대한 단어를 '형용사', '명사', '동사'로 나누어 표로 정리한 후, 그 단어들을 이용한 문장을 만들어 보겠습니다.

캠핑 관련 단어

형용사 (Adjectives)	명사 (Nouns)	동사 (Verbs)
평화로운	텐트	캠핑하다
자연적인	캠프파이어	불을 피우다
여유로운	침낭	요리하다
신나는	바비큐	산책하다
모험적인	호수	낚시하다

문장 및 아트 스타일

01. 평화로운 텐트에서 밤하늘을 바라보며 캠핑하다는 것은 정말 자연적인 경험이다. 아트 스타일: 수채화

02. 우리는 캠프파이어 옆에서 신나는 이야기를 나누며 불을 피우다의 즐거움을 느꼈다. 아트 스타일: 만화 스타일

03. 여유로운 아침에 침낭에서 일어나 호수 근처를 산책하다는 기분은 최고였다. 아트 스타일: 인상파

04. 모험적인 마음으로 바비큐를 준비하고, 다 함께 모여 요리하다의 시간을 가졌다. 아트 스타일: 고전적인 유화

05. 캠핑장에서 낚시하다 후, 자연적인 재료로 신나는 요리를 만들기 위해 호수에서 물고기를 잡았다. 아트 스타일: 현대적 그래픽 디자인

02. ❶ 여기에는 다섯 번째 문장 및 아트 스타일인 05. 캠핑장에서 낚시하다 후, 자연적인 재료로 신나는 요리를 만들기 위해 호수에서 물고기를 잡았다. 아트 스타일: 현대적 그래픽 디자인을 선택하겠습니다. 이 문장을 그대로 복사해 코파일럿 디자이너에 붙여 넣고 ❷ [만들기]를 클릭합니다.

챗GPT를 이용해 추출한 키워드로 생성한 이미지

프롬프트를 다양한 주제로 수정해서 이미지 키워드를 만들어 보세요. 이처럼 챗GPT를 활용하면 내가 상상한 이미지의 키워드를 더 빠르고 쉽게 정리할 수 있을 뿐만 아니라 '코파일럿 디자이너'에서도 헤매지 않고 원하는 이미지를 찾을 수 있답니다. 코파일럿 디자이너를 더 자세히 알고 싶다면 QR코드를 스캔해 유튜브 영상을 참고하세요.

미드저니로 디자이너가 된다!

조금 더 수준 높은 이미지를 원한다면, 미드저니!

앞서 챗GPT와 코파일럿 디자이너로 이미지를 만들어 보았는데요. 이 도구들은 3가지 아쉬운 점이 있습니다.

1. 원하는 크기의 이미지를 만들 수 없다(1024 × 1024픽셀로 고정).
2. 가로세로 비율을 조절할 수 없다.
3. 이미지의 품질이 균일하지 않으며, 유사한 이미지를 출력하기도 힘들다.

그래서 계속 작업하다 보면 좀 더 품질 좋은 이미지를 만들어 내는 데 제한이 있다는 사실을 느낍니다. 이럴 때 사용하는 프로그램이 미드저니

미드저니

(Midjourney)입니다. 미드저니로 만든 이미지는 게임, 애니메이션, 아트 영역은 물론 건축, 영화 등에도 쓰일 정도로 수준이 높습니다. 단, 미드저니는 유료로만 사용할 수 있고 디스코드라는 플랫폼을 따로 이용해야 해서 진입 장벽이 다소 높은 편입니다.

이미지 생성 AI 서비스인 미드저니의 웹 사이트(midjourney.com)

미드저니의 가격 정책은 4가지입니다.

구분	기본 플랜	스탠다드 플랜	프로 플랜	메가 플랜
월 구독료	10달러	30달러	60달러	120달러
고속 생성 모드	200분	15시간/무제한 저속 모드	15시간/무제한 저속 모드	60시간/무제한 저속 모드
동시 생성	최대 3개	최대 3개	최대 12개	최대 12개

▶ 연간 구독은 20%쯤 할인 혜택을 받을 수 있습니다.

많은 이미지를 빠르게 만들어 줍니다.

디스코드로 시작하는 미드저니

미드저니는 디스코드(Discord)라는 프로그램으로 이미지를 생성합니다. 디스코드는 Volp 앱, 즉 인터넷을 통해 음성 통화를 할 수 있는 음성 채팅 프로그램입니다. 카카오톡 음성 통화, 스카이프와 같은 기능을 가진 프로그램이라고 보면 되죠.

디스코드

이 디스코드 프로그램에 미드저니라는 회사가 자신의 인공지능 프로그램을 접목해 이미지를 생성할 수 있게 만들었습니다. 따라서 미드저니를 활용하려면 먼저 디스코드를 설치해야 합니다.

디스코드에 미드저니를 연결하면 이런 화면이 나타나요.

디스코드에 가입하고 미드저니를 연결해서 사용하는 방법은 오른쪽에 있는 QR코드를 스캔해서 영상으로 살펴보세요.

미드저니
활용법

일상생활에서 만나는 챗GPT

챗GPT는 일상에서도 활용할 수 있습니다. 영어 공부, 규칙적인 운동 계획, 식단 관리와 같은 자기 계발부터 의학 정보 검색에 이르기까지 일상생활에서 챗GPT 를 사용하는 예시를 살펴보겠습니다. 최신 업데이트로 이미지를 업로드하면 이 미지 속 정보도 검색해 주니 제법 똑똑하죠?

06-1

똑똑하게 영어 공부하기

챗GPT가 등장하고 나서 가장 인기를 끌고 있는 일상 관련 분야는 단연 '영어 공부'입니다. 단어, 문법, 회화까지 완전 가능한 챗GPT! 영어 공부에는 프롬프트를 어떻게 활용하는지 함께 살펴볼까요?

챗GPT와 음성으로 영어 대화하기

가장 쉽게 시작할 수 있는 방법은 스마트폰의 챗GPT 앱을 활용하는 것입니다. 챗GPT 앱을 실행한 후 입력 바 오른쪽의 🎧(헤드셋 아이콘)을 누르면 챗GPT와 음성으로 대화할 수 있습니다. 나의 영어 수준에 맞춰 달라고 요청하면 챗GPT가 그에 맞게 대답해 주기 때문에 영어 회화 연습에 유용합니다.

그 외에도 개인적인 상담이나 토론 등 챗GPT를 이용할 수 있는 모든 곳에서 음성으로 대화를 할 수 있어서 다양하게 사용할 수 있습니다. 이번 GPT-4o 업데이트로 음성 대화 기능이 더욱 강력해졌습니다.

▶ 챗GPT 앱의 사용 방법은 52쪽을 참고하세요!

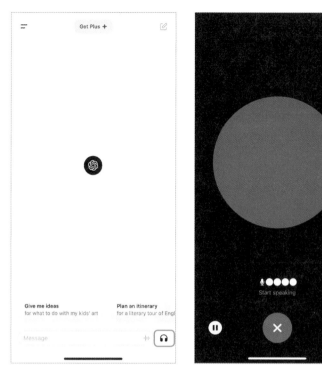

챗GPT 보이스 어시스턴트(ChatGPT Voice Assistance)

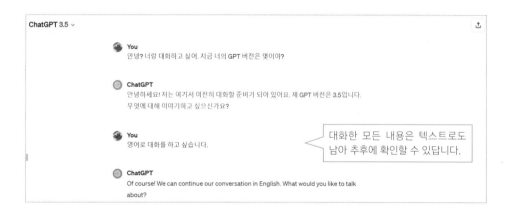

영단어도 챗GPT에게 물어보자!

영단어 공부는 영어 공부의 가장 기본입니다. 모르는 영단어의 뜻을 물어보거나 좀 더 복합적인 질문까지도 챗GPT에게 할 수 있습니다. 의미가 비슷한 단어를 제시하고 어떤 점이 다른지도 알아볼 수 있죠.

'똑똑한'을 뜻하는 세 단어 smart, wise, clever의 미세한 차이를 챗GPT에게 물어보 겠습니다.

 각 단어의 차이점을 알려 줘: smart wise clever

 "Smart", "wise", "clever"는 모두 영어 단어로 지능이나 지각력을 나타내는 형용사 입니다. 하지만 세 단어는 약간의 차이가 있습니다.

"Smart"는 똑똑하고 총명하며 학습 능력이 뛰어난 것을 나타내는데 사용됩니다. 이 단어는 일반적으로 지능적인 능력, 특히 학습 능력을 나타냅니다. 예를 들어, "He's a very smart student"는 그가 매우 똑똑한 학생이라는 뜻입니다.

"Wise"는 경험이나 지식을 바탕으로 현명하고 올바른 판단을 내리는 것을 나타냅 니다. 이 단어는 어떤 상황에서 최선의 선택을 하는 데 필요한 지혜와 이성을 나타 냅니다. 예를 들어, "He's a wise old man"는 그가 지혜로운 나이든 사람이라는 뜻 입니다.

"Clever"는 능숙하고 솜씨 좋게 일을 처리하는 것을 나타냅니다. 이 단어는 지적 능력과 함께 기술적인 능력을 나타내기도 합니다. 예를 들어, "She's very clever with her hands"는 그녀가 손재주가 매우 좋다는 뜻입니다.

요약하자면, "smart"는 학습 능력, "wise"는 지혜와 이성, "clever"는 기술적인 능 력과 솜씨를 나타냅니다.

단어를 사용할 때도 TPO(Time Place Occasion)가 중요합니다. 상황에 맞는 적절한 단 어로 바꾸고 싶을 때는 이렇게 활용하면 됩니다.

 다음 문장을 좀 더 사무적인 단어들로 대체해 줘: Let's take turns together from the next starting point.

그리고 어떤 차이가 있는지 알려 줘.

 다음과 같이 대체할 수 있습니다: "Let's alternate together starting from the next point."

"Take turns"는 일상 생활에서 자주 쓰이는 구어체 표현이기 때문에 비교적 캐주얼 한 톤을 나타냅니다. "Alternate"는 더욱 사무적인 표현으로, 논리적이고 구체적인 뜻을 전달합니다. 또한, "starting point" 대신에 "next point"라는 좀 더 간단한 표 현을 사용했습니다. 이는 불필요한 단어를 제거하고, 문장을 간결하고 명료하게 만 들어줍니다.

외국어로 된 자료를 읽다 보면 사자성어나 속담, 맥락에서 사용한 문장이나 단어를 이해하기 어려운 경우가 있습니다. 이럴 땐 맥락을 잘 파악하는 챗GPT의 장점을 활용해 문장 전체의 맥락을 주고 어떤 뜻인지 물어볼 수도 있습니다.

 다음 글에서 playing intellectual air guitar가 무엇을 의미하는지 설명해 줘:
Any learning environment that deals with only the database instincts or only the improvisatory instincts ignores one half of our ability. It is bound to fail. It makes me think of jazz guitarists: They're not going to make it if they know a lot about music theory but don't know how to jam in a live concert. Some schools and workplaces emphasize a stable, rote-learned database. They ignore the improvisatory instincts drilled into us for millions of years. Creativity suffers. Others emphasize creative usage of a database, without installing a fund of knowledge in the first place. They ignore our need to obtain a deep understanding of a subject, which includes memorizing and storing a richly structured database. You get people who are great improvisers but don't have depth of knowledge. You may know someone like this where you work. They may look like jazz musicians and have the appearance of jamming, but in the end they know nothing.
They're playing intellectual air guitar.

 "Playing intellectual air guitar"은 지식이나 아이디어에 대한 거시적인 이해만 갖추고, 구체적인 내용에 대한 지식이 부족한 상태에서 말이나 행동을 하는 것을 뜻합니다. 이러한 사람들은 애초에 부족한 지식을 가지고 있어서 실제로 문제를 해결하거나 실용적인 결론을 도출해내는 데 어려움을 겪게 됩니다.
이 글에서는 어떤 교육이나 직장에서 데이터베이스 기반의 안정적인 학습만 강조하거나, 자유롭게 창조하는 것만 강조하면 안 된다는 것을 말하고 있습니다. 이 둘은 상호보완적인 관계에 있기 때문입니다. 지식의 효과적인 활용을 위해서는 기본적인 지식을 갖추는 것이 중요하며, 이를 토대로 창의적인 접근 방식을 발전시켜야 한다는 것을 강조하고 있습니다.

유사한 표현에 대해서도 챗GPT에게 알려 달라고 할 수 있습니다.

다음 영어 문장과 비슷한 표현이 있어?: happy to have you
그리고 각각의 뜻을 알려 줘.

 "happy to have you"는 "당신이 와줘서 기쁩니다" 라는 뜻입니다. 이와 비슷한 표현으로는 다음과 같은 것들이 있습니다:
"glad you're here" - "당신이 여기에 있어서 기쁩니다"
"pleased to meet you" - "당신을 만나서 기쁩니다" (처음 만난 상대방을 만났을 때 사용합니다)
"welcome aboard" - "당신을 환영합니다" (새로운 일 또는 프로젝트에 참여할 때 사용합니다)
이러한 표현들은 모두 상대방을 환영하거나 그들이 참여하는 것에 대한 기쁨과 존경의 표시를 나타냅니다.

이처럼 영단어나 숙어, 대체할 만한 문장까지 챗GPT에게 전부 물어볼 수 있습니다.

영문법 공부하기

이번에는 챗GPT로 영문법을 공부해 볼까요? 영문법을 잘 알아 두면 회화를 할 때 깔끔한 뉘앙스를 줄 수 있습니다. 먼저 문장의 오류를 찾아 주는 프롬프트를 살펴보겠습니다.

 다음 영어 문장의 오류를 알려 줘: I you love.

이유는 틀렸지만 정확하게 고쳐 줍니다!

 주어(subject)가 빠져 있습니다. 올바른 문장은 "I love you."입니다.

문법을 묻는 단순한 질문 말고, 이번에는 지문을 주고 어떤 문법 표현을 사용했는지 물어보겠습니다.

 이 문장에서 사용한 영어 문법을 설명해 줘: This article is about the company. For the search engine provided by the company, see Google Search. For other uses, see Google

이 문장은 "이 기사는 회사에 대한 것입니다. 회사에서 제공하는 검색 엔진에 대해서는 Google 검색을 참조하십시오. 다른 용도를 위해서는 Google을(를) 참조하십시오."라는 뜻입니다.

(… 중략 …)

또한 "For"라는 전치사가 사용되어 있습니다. 이 전치사는 "Google Search"와 "Google"이라는 항목들이 "the search engine provided by the company"와 "other uses"라는 항목들과 구분되도록 도와줍니다. 이를 통해 읽는 사람들이 필요한 정보를 빠르게 찾을 수 있도록 도와줍니다.

영어에 익숙하지 않으면 과거와 미래 등의 시제와 전치사 in / at / on을 사용하는 문법 문제에서 주로 틀립니다. 작문한 내용 중에서 어떤 부분이 어색한지, 또한 무엇이 필요한지 챗GPT가 바로 찾아서 체크해 주는 것을 볼 수 있습니다.

 이 글의 목적이 뭔지 알려 줄 수 있어? 잘못 사용한 문법이 있는지도 체크해 줘:
Dear Mr. K,
I am a resident of Cansinghill Apartments, located right next to the newly open Vuenna Dog Park. As I live with three dogs, I am very happy to let my dogs run around and safely play with other dogs from the neighborhood.

(… 중략 …)

Since you are the manager of Vuenna Dog Park, I ask you to take measures to prevent the noise in night. I hope to hear from you soon.
Sincerely, Monty K

 이 글의 목적은 Vuenna Dog Park에서 발생하는 야간 소음 문제를 신고하고, 이 문제를 해결하기 위한 즉각적인 조치를 취하도록 Vuenna Dog Park의 매니저에게 요청하는 것입니다.

문법적으로는 오타나 맞춤법 오류가 없습니다. 다만, "open"이 아니라 "opened"가 맞는 동사형태이며, "let my dogs run around and safely play with other dogs from the neighborhood"의 "and" 다음에 쉼표를 넣는 것이 좋습니다. 마지막 문장에서 "prevent the noise in night" 대신 "prevent the noise at night"로 수정하는 것이 더 자연스러울 것입니다.

영국식 영어로 표현하기

영어에는 영국식 영어와 미국식 영어가 있습니다. 미국에서도 영국식 영어를 사용하면 고풍스럽다고 여기는 경우도 있고, 영국식 영어의 악센트나 단어를 더 멋있게 생각하는 사람도 많죠. 고풍스러운 영국식 영어를 포시(posh) 발음이라고 하는데, 챗GPT는 미국식 영어 문장을 영국식 문장으로 바꿀 수도 있습니다.

 다음 문장을 Posh(영국식 영어의 한 종류)한 느낌으로 수정해 줘.
그리고 어떤 부분이 바뀌었는지도 알려 줘: "Could you please go to the lobby on the first floor of the hotel and help me with check-in?"

 "Would you be so kind as to proceed to the lobby located on the first level of the hotel and assist me with the check-in process?"
이 문장은 Posh(영국식 영어)한 느낌으로 수정되었습니다. 구체적으로, "Could you please"가 "Would you be so kind as to"로 바뀌었고, "go to"가 "proceed to"로 바뀌었습니다. 그리고 "help me with check-in"이 "assist me with the check-in process"로 바뀌었습니다.

챗GPT로 영어 공부하기, 어렵지 않죠? 언제 어디서든 무료로 영어 공부를 도와주는 선생님의 역할도 곧잘 해냅니다.

요약 정리!

챗GPT로 영어 공부하기
❶ 모바일 기기에서는 챗GPT와 영어로 대화할 수 있다.
❷ 챗GPT는 상황에 따른 적절한 영단어를 추천하고 틀린 영문법을 수정해 줄 수 있다.
❸ 영어에 능숙한 챗GPT는 영국식 영어도 곧잘 해낸다.

06-2

챗GPT로 건강 챙기기

'챗GPT가 생산성에 집중되어 있어서 업무와 공부 외에는 필요없겠지?'라고 생각할 수도 있지만, 일상생활에서도 다양하게 사용할 수 있습니다. 이번에는 사람들이 많은 관심을 가질 법한 주제인 '건강'이란 키워드를 활용해 보겠습니다.

규칙적인 운동 계획과 식단 짜기

지금까지 챗GPT에게 역할을 부여해서 이용해 봤을 때 운동 계획을 짜주는 일과 식단 관리 표 정도는 잘 만들어 줄 것이라고 짐작할 수 있습니다.

이렇게 써보세요!

당신은 이제부터 인증받은 '(#역할)'입니다.
다음 정보를 바탕으로 (#내용)을 세우세요.

(#정보)

(#금지어)를 넣지 마세요.
어떤 상황에서도 품위를 유지해 주세요
(# 추가 요청)을 포함합니다.

06 · 일상생활에서 만나는 챗GPT **181**

당신은 이제부터 인증받은 '피트니스 건강 및 영양 전문가'입니다.
다음 정보를 바탕으로 맞춤형 운동 계획을 세우세요.

나이: 28세
성별: 남
키: 181cm
몸무게: 106kg
현재 건강 상태: 비만 상태
식품 알레르기: 없음
나의 건강 목표: 체중 감량
일주일에 운동 가능 횟수: 4일
운동 경력: 없음
체지방량(인바디값): 모름
골격근량(인바디값): 모름

불필요한 전후 설명 문구를 넣지 마세요.
어떤 상황에서도 품위를 유지해 주세요
목표를 달성할 수 있도록 동기 부여 명언 30개의 목록을 포함합니다.

 안녕하세요! 저는 인증 받은 피트니스 건강 및 영양 전문가 ChatGPT입니다.
귀하의 정보를 바탕으로 맞춤형 운동 계획을 제안해드리겠습니다.
1. 유산소 운동 : 체중 감량에 가장 효과적인 운동 중 하나로, 유산소 운동을 30분 이상씩 4회 이상의 주기로 꾸준히 실시하는 것을 권장합니다. 걷기, 달리기, 자전거 타기 등이 좋은 선택지가 될 수 있습니다.
2. 근력 운동 : 근육량을 늘리면 대사량이 증가하여 체중 감량에 도움이 되며, 근력 운동을 통해 체형을 좀 더 탄탄하게 만들 수 있습니다. 유산소 운동과 함께 매주 2회 이상 실시하는 것을 추천합니다. 체중 감량을 위해 전신 운동보다는 하체 근육을 중심으로 운동을 하는 것이 좋습니다.

(… 중략 …)

29. 영양제 사용 : 영양제를 사용하여, 운동에 필요한 영양소를 보충하고 건강한 신체 유지에 도움을 줄 수 있습니다.
30. 건강한 생활습관 유지 : 건강한 생활습관을 유지하면서, 운동과 식습관 조절을 통해 건강한 삶을 유지하는 것이 중요합니다.
위의 명언들은 운동을 하면서 동기 부여를 얻을 수 있는 좋은 방법입니다. 목표를 향해 꾸준히 노력하고, 자신의 몸과 마음을 건강하게 유지하는 것이 중요합니다.

예상한 대로 챗GPT는 피트니스 건강 및 영양 전문가가 되어 주어진 신체 정보에 따른 운동 계획을 추천해 줍니다. 좀 더 전문적인 영역으로 들어가면 어떨까요? 챗GPT에게 의학 정보에 관해서도 질문해 보겠습니다.

의학 정보 물어보기

우리는 갑자기 아플 때 인터넷에서 증상을 검색해 보곤 합니다. 단순 건강이나 영양 정보 외에 의학 정보도 챗GPT에게 물어볼 수 있습니다.

이렇게 써보세요!

다음 주제에 대해서 관련 질환 중 확률이 높은 순서대로 3가지 유형을 제공하세요

성별: (#성별)
나이: (#나이)
진료 과목: (#진료 과목)
증상: (#증상 설명)

각 유형에서 질병에 대한 간략한 설명, 치료 방법을 설명합니다.
3가지 질환의 가능성을 고려하여 집에서 할 수 있는 간단한 대증 치료와 병원 방문 유무를 설명해 주세요.
다른 설명 없이 3가지 유형의 답변만 진행해 주세요.

 다음 주제에 대해서 관련 질환 중 확률이 높은 순서대로 3가지 유형을 제공하세요

성별: 남자
나이: 30세
진료 과목: 내과
증상: 목이 아프고 기침이 나옴

각 유형에서 질병에 대한 간략한 설명, 치료 방법을 설명합니다.
3가지 질환의 가능성을 고려하여 집에서 할 수 있는 간단한 대증 치료와 병원 방문 유무를 설명해 주세요.
다른 설명 없이 3가지 유형의 답변만 진행해 주세요.

1. 급성 인후염
  - 인후염은 인후선 주변의 염증으로 인한 질환입니다.
  - 증상은 목이 아프고 발열, 목소리가 변하고 구강 내 분비물이 많이 나오며, 기침과 인후부 염증으로 인한 통증이 있습니다.

(… 중략 …)

3. 후두염
  - 후두염은 후두 주변의 염증으로 인한 질환입니다.
  - 증상은 목이 아프고 건조하며, 기침이 나오고 목소리가 바뀔 수 있습니다.
  - 대증치료로는 휴식과 수분 섭취, 입가심과 같은 OTC 진통제, 소염제 등의 약물 복용이 추천됩니다.
  - 병원 방문이 필요한 경우는 목소리가 매우 바뀌거나 호흡이 어려워지는 경우입니다.

의학 정보를 물을 때 절대 잊지 말아야 할 점은 **챗GPT는 대답하는 서비스일 뿐 정답을 알려 주는 서비스가 아니라는 것**입니다. 물론 챗GPT가 정답을 제공할 수도 있지만 어디까지나 대답하는 인공지능 도구이며, 그마저도 보조 도구로써 검색을 대신할 뿐 의사를 대체할 수는 없습니다. 인터넷에서 증상을 검색하고 결과를 자의적으로 해석하면 안 되는 것처럼, 생명과 건강을 다루는 내용이므로 챗GPT의 답변을 정답으로 생각해서는 안 된다는 점을 반드시 기억하세요!

06-3

이미지 검색해서 정보 얻기

챗GPT에게 이미지를 추가해서 대화를 진행할 수 있다는 사실, 알고 있나요? 이미지는 글보다 많은 정보를 가지고 있습니다. 챗GPT에게 생전 처음 보는 문장이나 상황이 들어간 이미지를 입력해 보세요.

뉴스, 인터넷에서 퍼온 내용 물어보기

TV 화면에서 알아볼 수 없는 언어의 자막이 흘러나오고 있습니다. 화면을 스크린샷 찍어서 저장한 후 챗GPT에게 어떤 내용이냐고 물어보겠습니다.

여행을 왔는데, TV에서 이런 화면이 나오고 있어.
지금 이 이미지는 어떤 것을 이야기 하고 있는거야?

이 이미지는 키르기스스탄의 뉴스 방송 화면으로 보입니다. 화면에 나온 키르기스어 텍스트는 다음과 같은 내용을 담고 있습니다:

- ЖАҢЫЛЫКТАР (ЖАҢЫ ЛЫКТАР): 뉴스
- ӨЛКӨ БАШЧЫ ПРОКУРАТУРА ТУУРАЛУУ МЫЙЗАМГА ӨЗГӨРТҮҮНҮ СУНУШТАДЫ: 국가 수장이 검찰 관련 법률을 개정할 것을 제안했다

이미지에는 두 명의 인물이 있으며, 그 중 한 명은 키르기스스탄의 대통령 사디르 자파로프 (Sadyr Japarov)로 보입니다. 이 뉴스는 키르기스스탄의 대통령이 검찰에 관한 법률 개정을 제안한 것에 대한 내용을 다루고 있는 것 같습니다.

언어의 번역뿐만 아니라 이미지의 맥락을 파악하고, 밈(meme)을 알려 주기도 합니다.

주변 사물 촬영해서 정보 물어보기

이 기능은 챗GPT 모바일 앱으로도 가능합니다. 오히려 모바일이 이미지 촬영이 편리하고 언제 어디서든 바로바로 확인할 수 있어서 더욱 편리하죠.

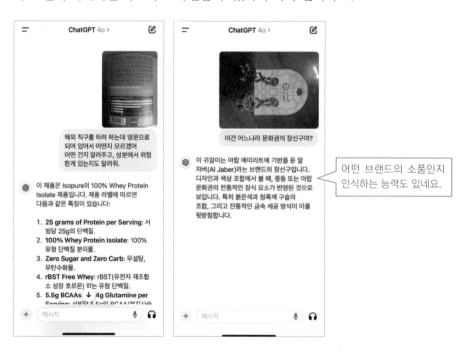

챗GPT로 돈 버는 법

챗GPT의 등장으로 새로운 수익화 방법이 생기고 있습니다. 또한 이전의 수익 루트도 훨씬 더 적은 비용으로 사용할 수 있게 됐습니다. 이번 장에서는 챗GPT 를 이용해 수익을 낼 수 있는 다양한 방법을 알아봅시다.

07-1

생성형 AI로 만든 이미지 판매하기

AI 이미지 판매를 통해 수익을 낸다?

05장에서 챗GPT와 코파일럿 디자이너, 미드저니를 이용해서 이미지를 생성해 보았습니다. 최근 생성형 AI로 만든 이미지를 판매해 수익을 낼 수 있는 곳이 다양해졌습니다. 국내에는 디자인 허브나 OGQ 마켓이 대표적인 예이죠.

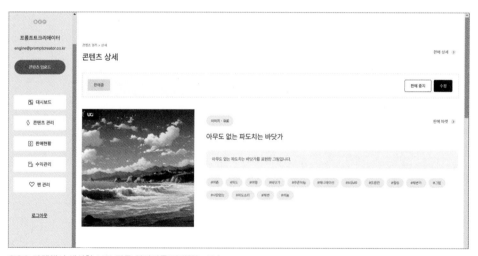

OGQ 마켓에서 생성형 AI로 만든 이미지를 판매하는 모습

특히 디자인 허브는 생성형 AI로 만든 콘텐츠를 제출받는다고 명시해 두었고, 해당 콘텐츠로 수익을 낼 수 있도록 구축되어 있습니다.

제가 AI로 이미지를 생성하고 수정해서 수익을 내고 있는 방법이 궁금하
다면 오른쪽에 있는 QR코드를 스캔해서 영상을 시청해 보세요.

하지만 아쉽게도 생성형 AI 이미지를 모든 곳에서 판매할 수 있는 것은 아닙니다. 전
세계적으로 가장 유명한 이미지 공유 웹 사이트인 셔터스톡(Shutterstock)은 AI 이미지
를 판매할 수 없도록 규제하고 있습니다.

물론 셔터스톡 외에도 수익화를 할 수 있는 플랫폼이 굉장히 많으므로, 가능 여부를 확인하면서 이미지 판매를 하면 됩니다. 이렇게 플랫폼 별로 기준이 다른 이유는 생성형 AI 이미지를 판매하는 것에 다양한 의견이 있고, 아직은 확정되지 않은 법적 기준이 많기 때문에 AI 이미지로 인해 발생하는 문제에 대해 서로 다른 정책을 가지고 있기 때문입니다. 이어서 살펴보겠습니다.

AI 이미지 판매, 찬성? 반대?

플랫폼마다 AI 이미지에 관한 정책이 다른 것은 여러 가지 이유에서 비롯됩니다. 우선 셔터스톡 등 AI 이미지 판매에 반대하는 입장에서 우려하는 문제는 다음과 같습니다.

첫째, **저작권 문제**입니다. 생성형 AI로 만든 이미지는 AI가 기존에 인터넷에 돌아다니는 이미지를 학습하여 생성한 것이므로 원본 이미지의 저작권을 침해할 가능성이 있습니다. 따라서 일부 플랫폼은 이러한 법적 위험을 피하기 위해 생성형 AI 이미지를 금지하거나 제한하고 있죠.

둘째, **윤리적 문제**입니다. AI가 생성한 콘텐츠는 인간 창작자들의 작품과 경쟁하게 됩니다. 이는 창작자들의 생계를 위협할 수 있으며, 이러한 윤리적 우려 때문에 일부 플랫폼은 AI 이미지를 허용하지 않거나 엄격한 기준을 적용하고 있습니다.

셋째, **품질 관리 문제**입니다. 생성형 AI로 만든 이미지는 품질이 일정하지 않으며, 때로는 부적절하거나 불완전한 결과물이 나올 수 있습니다. 이러한 이유로 일부 플랫폼은 AI 이미지의 판매를 제한하고 있습니다.

반면 AI 이미지 판매를 허용하는 플랫폼에서는 다양한 기회를 제공하고 있습니다. 사용자들이 자신의 창작물을 업로드하고, 다른 사용자들이 이를 구매할 때 수익을 창출할 수 있습니다. 창작자들은 새로운 형태의 콘텐츠를 시도하고, 수익을 얻을 수 있는 다양한 방법을 탐구할 수 있습니다.

AI 이미지에 대한 앞으로의 전망은 밝습니다. 기술의 발전과 함께 생성형 AI 이미지의 품질이 향상되고 법적 및 윤리적 문제에 대한 명확한 기준이 확립되면, 더 많은 플랫폼이 AI 이미지를 허용할 가능성이 큽니다. 이러한 변화는 창작자들에게 더 많은 기회를 제공하고 새로운 형태의 디지털 아트를 발전시키는 데 기여할 것입니다.

결국 생성형 AI 이미지를 통해 수익을 창출하고자 하는 사람들은 각 플랫폼의 정책을 주의 깊게 살펴보고, 자신에게 맞는 플랫폼을 선택하는 것이 중요합니다. 법적·윤리적 문제를 피하면서도 창작의 자유를 만끽할 수 있을 것입니다.

07-2

맞춤형 소량 생산 셀러되기

맞춤형 소량 생산이란?

이번에는 챗GPT로 맞춤형 소량 생산을 하는 방법을 알아보겠습니다. 맞춤형 소량 생산이란 POD(print on demand)라고도 하며, 단체로 맞추는 티셔츠, 커플 사진으로 만든 휴대폰 케이스 등이 대표적인 예시입니다. 대량 생산된 공산품과 달리 제품을 직접 디자인해서 소량 생산하는 것이죠. POD는 제작 단가가 공산품보다 비싸다는 특징이 있지만, 개성을 살릴 수 있다는 장점이 있습니다. 게다가 업체 간의 경쟁이 늘어나면서 단가도 점점 저렴해지고 있습니다. 비용이 더 들더라도 원하는 디자인을 사용하겠다는 고객의 소구점이 함께 결합되면서 인기가 많아진 시장입니다.

대표적으로 국내에는 오라운드, 마플 코퍼레이션 등이 있고, 해외에는 아마존이 머치 온 디맨드(Merch on Demand)라는 명칭으로 유사한 서비스를 제공하고 있습니다.

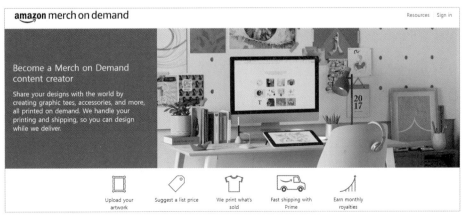

아마존의 POD 서비스인 '머치 온 디맨드' 홈페이지(merch.amazon.com)

아마존은 셀러 심사를 할 때 시간이 다소 걸리므로 미리 셀러로 등록해야 일정대로 제품을 판매할 수 있습니다. 또한 페이오니아 국제 금융 서비스를 가입해야 셀러 등록을 할 수 있습니다.

POD는 주문이 발생하면 이미지를 출력해서 제품을 생산하는 방식이므로 재고가 발생하지 않는다는 장점이 있습니다. 또한 초기 디자인과 구조만 세팅해 놓으면 제품이 판매되자마자 생산, 배송 등을 POD 서비스 홈페이지에서 진행해 주기 때문에 신경 쓸 요소가 매우 적습니다. 즉, 패시브 인컴(passive income)이 이루어지는 것이죠.
다만 가격이 저렴해졌다고는 하지만 여전히 공산품보다 단가가 높다는 단점이 있습니다. 그리고 마케팅을 별도로 하지 않으면 판매가 일어나지 않으니 판매를 위한 최소한의 노력은 어느 정도 필요하겠죠?

▶ 패시브 인컴이란 수익을 얻고 유지하는 데 최소한의 노동력만 들여도 되는 수동 소득을 말합니다.

본격 POD 셀러되기

챗GPT를 활용해 POD 셀러가 되는 과정을 간단하게 정리하면 다음과 같습니다.

1. 챗GPT를 비롯한 이미지 생성 AI에게 프롬프트를 입력해 이미지를 만든다.
2. 완성한 이미지를 POD 서비스 홈페이지에 등록한다.

저는 05장에서 배운 다양한 이미지 생성 AI 중 미드저니에게 고양이 키워드가 들어간 프롬프트를 입력해서 다음 이미지를 얻었습니다.
결과 이미지 중에서 네 번째 고양이 이미지를 사용해 보겠습니다.

티셔츠나 휴대폰 케이스로 사용할 것이므로 이미지를 저장한 뒤 배경을 투명하게 만들고 텍스트를 추가하는 것이 좋겠어요. 포토샵에서 추가 작업을 진행해 오른쪽 결과물을 만들어 냈습니다.

포토샵으로 이미지 배경을 제거하고 텍스트를 추가했어요!

이렇게 만든 결과물 이미지를 POD 서비스 홈페이지에 등록하면 됩니다. 이 책에서는 '오라운드'라는 국내 서비스를 이용했고, 제공되는 템플릿 화면에서 어떤 물건에 어떻게 인쇄해서 판매할 것인지 등을 설정했습니다.

휴대폰 케이스, 에코백 등에 이미지를 등록했고 실제 판매를 4주 정도 진행했습니다.

미드저니로 만든 이미지를 이용해 POD 제품을 등록한 화면(POD 제품 등록 목록)

잘 판매한 예를 보여 드리면 좋았을 텐데 아쉽게도 그렇지 못했습니다.

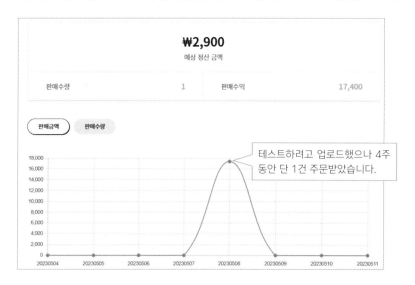

테스트해 보면서 인공지능으로 이미지를 얼마나 잘 생성하느냐보다 브랜딩과 홍보를 잘해야 한다는 것을 느꼈습니다. 이미지를 아무리 예쁘게 생성한다고 해도 구매자는 그런 상품이 있는지조차 모르니까요. 또한 이렇게 인쇄한 제품은 이미지에 어떤 의미나 가치가 부여되어 있어야 구매하는 경우가 많은데, 나름대로 뭔가를 부여하려고 했으나 사람들에게 전달하기에는 충분하지 않았나 봅니다. 마케팅을 전혀 하지 않았는데도 1건이나 판매되었다는 사실이 오히려 신기했습니다.

개인 브랜드를 알리기 위해 이미지를 생성하고 틱톡, 인스타그램, 트위터 등의 브랜드 채널에서 마케팅을 진행한 뒤, POD 서비스를 제공한다면 판매 또한 효과적일 것입니다. 이 또한 챗GPT를 활용하면 좋겠죠?

07-3

재능 마켓에서 번역 서비스하기

번역을 필요로 하는 고객을 잡아라

03-1절에서 챗GPT는 맥락을 이해하기 때문에 매우 완성도 높은 번역을 한다고 이야기했습니다. 그렇다면 번역이 필요한 사람들을 위해 챗GPT를 이용한 번역 서비스를 제공해 보는 건 어떨까요? 국내 재능 마켓 서비스인 크몽, 숨고 등에는 번역 서비스가 필요한 고객이 많이 찾아오니까요.

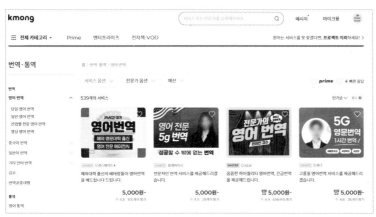

국내 재능 마켓 서비스인 '크몽' 홈페이지(kmong.com)

그리고 챗GPT의 번역 능력을 확인했다면 이미 이곳에서 수익을 창출하는 데 사용하면 되겠다고 수많은 사람이 생각했을 겁니다. 물론 번역은 그 나라의 문화나 특징을 이해해야 하므로 아직 전문가에 비할 바는 못 되지만, 적당히 저렴한 가격으로 영어 번역을 진행한다면 효율 높은 수익 창출 루트가 될 수 있을 거예요. 인공지능을 이용해 번역하므로 시간을 크게 단축할 수 있기 때문입니다.

외국어를 할 줄 몰라도 번역할 수 있어요

'저는 진짜 외국어 할 줄 몰라요!' 흠, 그런가요? 괜찮습니다. 여러분에게 한 가지 능력이 있다는 건 확실하니까요. 바로 '한국어를 할 수 있다는 것'입니다. 이 책을 여기까지 읽었다면 분명 한국어를 읽고 사용하는 데 전혀 문제가 없다는 뜻이잖아요. 제가 이야기하려는 점은 바로 이 부분입니다.

'한국어는 외국인에게 외국어다.'

관점을 바꿔 보면, 여러분은 외국어를 한국어로 번역하는 서비스를 해줄 수 있다는 뜻입니다. 챗GPT를 이용하면 되니까요. 해외 사이트에서는 한국어 번역을 찾는 고객이 많습니다. 우리나라에 크몽, 숨고와 같은 사이트가 있다면 해외에는 **파이버**(fiverr)가 있습니다. 크몽과 같은 재능 마켓 사이트의 원조라고 할 수 있는데요. 이곳에서 'Korean translate'를 검색하면 이미 올라온 수많은 번역 서비스를 확인할 수 있습니다.

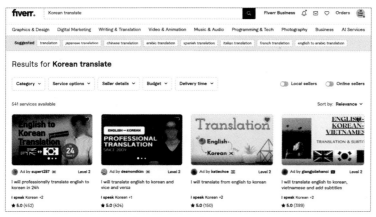

해외에서 가장 유명한 재능 마켓인 '파이버' 홈페이지(fiverr.com)

재능 마켓에 번역 서비스 상품을 올린 분들의 특장점은 역시 한국어를 할 줄 안다는 것이죠. 그렇다면 이 마켓에서 해외 고객을 대상으로 한국인이 잘할 수 있는 번역 서비스를 제공할 수 있습니다. 외국어보다 한국어를 검수하는 것이 훨씬 쉬운 일일 테고요.

또한 한국어 번역 서비스를 제공할 때 장점이 하나 더 있습니다. 챗GPT에서 한국어를 사용하면 환각 현상이 자주 발생하고, 영어보다 토큰을 많이 사용해서 효율성이 떨어지는 문제가 있다고 했죠. 관점을 바꿔 보면, 한국어 번역 서비스를 제공할 때 이 문제점은 오히려 장점이 됩니다. 영어를 사용하는 외국인이 한국어로 쓴 글을 검수하기 위해 자신들의 언어로 다시 번역할 때 챗GPT를 사용하면 더 많은 토큰을 써야 해서 심각한 환각 현상을 경험할 테니까요.

그런 불편함을 해결하려면 대체제를 찾아야 하는데, 결국 외국인들은 한국어 번역 서비스를 제공하는 전문가를 구할 것입니다. 번역 서비스가 필요할 때 챗GPT만을 이용하기보다 사람에게 맡겨야 더욱 효율적이라는 것을 알기 때문이죠.

챗GPT를 이용해서 영어를 한국어로 변환한 뒤, 맥락을 확인하고 직접 수정하기! 이 방법만 숙지하면 한국어 번역 서비스를 제공해서 수익을 창출할 수 있습니다. 여러분, 해외 시장은 국내보다 더 넓습니다. 영어만 한국어로 변환하라는 법은 없답니다.

셋째마당

챗GPT 정복까지
한 걸음 더!

지금까지는 챗GPT의 활용도를 중심으로 알아보았습니다. 이번에는 여러분이 챗GPT를 좀 더 깊이 있게 활용할 수 있도록 프롬프트 엔지니어링 패턴 11가지와 AI의 등장으로 벌어질 앞으로의 변화를 소개합니다. 프롬프트 엔지니어링 패턴은 사용하기에 효과적이면서도 쉽게 따라 할 수 있는 내용으로 구성되었는데, 이 패턴을 사용하다 보면 AI에 대한 이해도를 높일 수 있을 것입니다. 그리고 이를 기반으로 앞으로 우리가 AI를 어떻게 이용하고, 어떤 고민을 해야 하는지까지 살펴보겠습니다.

자주 쓰는 프롬프트
엔지니어링 패턴 11가지

챗GPT는 우리가 지시하는 메시지인 '프롬프트'에 따라 동작합니다. 같은 내용으로 질문해도 답변(결괏값)이 조금씩 달라지는데요. 여기서 소개하는 프롬프트 엔지니어링의 11가지 패턴을 알고 있으면 자신이 원하는 답변을 더 빠르고 정확하게 받을 수 있습니다. 이 패턴은 사용하다 보면 쉽게 익혀지니 공식처럼 외울 필요는 없습니다. 편하게 '대화 방식'이라고 생각해 주세요.

나의 질문을 수정해 줘
— 질문 개선 패턴

예시 가운데 일부는 패턴 효과를 직접 보여 드리기 위해 영문으로 진행하고 한글로 번역했습니다. 영어 원문 프롬프트는 링크에서 확인할 수 있습니다.

첫 번째 패턴은 챗GPT에게 질문을 입력할 때마다 대신 사용할 수 있는 질문을 더 나은 버전으로 제안해 달라고 미리 이야기하는 것입니다. 그러면 이후부터 챗GPT는 사용자가 질문할 때마다 더 나은 버전으로 새로운 질문을 제안하고 대신 사용할 것인지 묻습니다. 이 패턴은 무엇을 물어야 할지 애매할 때 챗GPT를 이용해서 질문을 한 번 더 검수한다는 장점이 있습니다.

예를 들어 다이어트를 하고 싶은데 다이어트 정보가 부족한 상태라면 다음과 같이 질문할 수 있습니다.

 지금부터 다이어트와 관련해서 알아가고 싶습니다. 어떤 것이 옳은 다이어트에 대해서 전반적인 내용을 모르기 때문에 제가 어떤 것을 물어야 하는지 알려주세요.

 다이어트에 대해 알아가기 위해 중요한 몇 가지 질문을 통해 기초 지식을 쌓을 수 있습니다. 아래는 다이어트 관련해서 자주 묻는 질문들과 그에 대한 간단한 설명입니다. 이 질문들을 통해 다이어트의 기본 개념과 접근 방법을 이해할 수 있습니다.

1. 다이어트의 목적은 무엇인가요?
체중 감소, 근육 증가, 건강 개선 등 다이어트의 목적을 분명히 하는 것이 중요합니다.

2. 기초 대사율(BMR)이 무엇인가요?

기초 대사율은 몸이 생존을 위해 필요한 최소한의 에너지를 의미합니다. 자신의 BMR을 아는 것은 다이어트 계획을 세우는 데 유용합니다.

3. 칼로리 섭취와 소모의 균형은 어떻게 맞추나요?

체중 감소를 위해서는 섭취하는 칼로리보다 더 많은 칼로리를 소모해야 합니다. 반대로 체중 증가를 위해서는 더 많은 칼로리를 섭취해야 합니다.

(… 중략 …)

9. 다이어트를 지속 가능하게 만드는 방법은 무엇인가요?

현실적인 목표 설정, 지속 가능한 식단 및 운동 계획, 생활 습관 변화 등이 포함됩니다.

이 질문들을 중심으로 다이어트를 시작하기 전에 필요한 기초 지식을 쌓을 수 있습니다. 추가로 궁금한 사항이 있으면 언제든지 질문해 주세요!

 칼로리 섭취와 소모의 균형을 쉽게 맞추는 방법은 뭐가 있나요? 이 질문이 올바른 질문인가요? 질문을 다듬을 수 있도록 저에게 다시 요청해 주세요.

 네, 질문이 충분히 올바르지만, 더 구체적으로 다듬으면 더 유용할 수 있습니다. 예를 들어, "쉽게"라는 부분을 더 명확히 하고, 어떤 측면에서 균형을 맞추고 싶은지 구체화하면 좋습니다. 다음과 같은 방식으로 질문을 다듬어볼 수 있습니다:

1. 구체적인 목표 설정: 예를 들어, 체중 감량, 근육 증가, 유지 등 목표를 명확히 하세요.
2. 방법의 구체성: "쉽게"의 의미를 명확히 하기 위해, 식단 계획, 운동 방법, 일상 습관 등 구체적인 방법을 질문에 포함하세요.

다듬어진 질문 예시:

1. 체중 감량을 위해 칼로리 섭취와 소모의 균형을 쉽게 맞추는 구체적인 방법은 무엇인가요?
2. 일상 생활에서 쉽게 칼로리 섭취와 소모의 균형을 맞출 수 있는 실용적인 팁이 있을까요?

이제 구체적으로 어떤 부분에서 칼로리 균형을 맞추고 싶은지, 어떤 방법을 찾고 싶은지 알려주시면, 더 맞춤형 답변을 드릴 수 있습니다.

혹은 엑셀에서 원하는 작업이 있는데 어떻게 물어야 할지 모르는 상황도 있을 것입니다. 그럴 때는 다음과 같이 물어보면 좋습니다.

 엑셀과 관련해서 질문할 때마다 더 나은 버전으로 새로운 질문을 몇 개 제안해 주세요.
[규칙적이지 않은 셀들이 있어요.
이 셀들의 값을 참조해 특정한 공식을 만들려면 어떻게 하면 될까요?]
이 질문을 다듬을 수 있도록 저에게 다시 요청해 주세요.

 물론입니다. 다음은 주어진 질문을 더 구체적이고 명확하게 다듬은 몇 가지 예시입니다.

1. 예시 1: "엑셀에서 규칙적이지 않은 셀들의 값을 참조하여 특정 공식을 만들고 싶은데, 어떻게 해야 하나요? 예를 들어, 특정 열에 있는 불규칙한 셀들의 합계를 계산하고 싶습니다."
2. 예시 2: "엑셀에서 위치가 일정하지 않은 셀들의 값을 참조하여 공식을 작성하는 방법을 알고 싶습니다. 예를 들어, A1, B3, C5와 같은 임의의 셀들의 값을 합산하려면 어떻게 해야 하나요?"
3. 예시 3: "엑셀에서 비정형적으로 분포된 셀 값들을 기반으로 공식을 작성하는 방법을 설명해 주세요. 특정 셀들(A2, C4, E6 등)의 평균을 구하고 싶습니다."
4. 예시 4: "엑셀에서 일정한 패턴 없이 분포된 셀들을 참조하여 공식을 만들고자 합니다. 임의로 선택된 셀들의 최대값을 계산하려면 어떤 방법을 사용해야 하나요?"

이와 같은 질문들로 변경해 보시면, 보다 구체적이고 명확한 답변을 얻으실 수 있습니다. 추가적인 조언이나 설명이 필요하시면 언제든지 말씀해 주세요!

 엑셀에서 위치가 일정하지 않은 셀들의 값을 참조하여 공식을 작성하는 방법을 알고 싶습니다. 예를 들어, A1, B3, C5와 같은 임의의 셀들의 값을 합산하려면 어떻게 해야 하나요?

 엑셀에서 위치가 일정하지 않은 셀들의 값을 참조하여 공식을 작성하는 방법은 여러 가지가 있습니다. 임의의 셀들의 값을 합산하는 경우, 직접 셀 참조를 사용하거나 이름 정의 기능을 활용할 수 있습니다. 여기 몇 가지 방법을 소개합니다:

방법 1: 직접 셀 참조 사용하기

임의의 셀들의 값을 합산하려면, 각 셀을 직접 참조하여 합계 공식을 작성할 수 있습니다.
excel
=SUM(A1, B3, C5)
위의 공식은 A1, B3, C5 셀의 값을 합산합니다.

방법 2: 이름 정의 사용하기
엑셀의 '이름 정의' 기능을 사용하여 임의의 셀 범위를 정의하고 이를 참조할 수 있습니다.
1. 이름 정의하기:
Ctrl + F3을 눌러 이름 관리자(Name Manager)를 엽니다.
'새로 만들기(New)'를 클릭합니다.
이름(Name) 필드에 원하는 이름을 입력합니다(예: SelectedCells).
참조 대상(Refers to) 필드에 합산할 셀 범위를 입력합니다(예: =A1, B3, C5).
2. 공식에서 이름 사용하기:
이름 정의를 사용하여 합계를 구할 수 있습니다.
Excel
=SUM(SelectedCells)

(… 중략 …)

이 방법들을 통해 엑셀에서 위치가 일정하지 않은 셀들의 값을 참조하여 공식을 작성할 수 있습니다. 추가적으로 필요한 정보가 있거나 다른 질문이 있다면 언제든지 말씀해 주세요!

챗GPT가 제시한 대안 중 두 번째 예시를 복사해서 그대로 붙여 넣어 질문했더니, 챗GPT는 자신이 알려 준 질문에 다양한 방법을 정리해서 답변해 줍니다. 이렇게 챗GPT에게 정확한 답변을 얻기 위해 그에 적합한 질문을 하는 방법까지도 요청할 수 있습니다.

08-2

이 정보를 기반으로 대답해 줘
— 인지 검증자 패턴

챗GPT에서 흥미로운 점은 큰 덩어리를 작은 덩어리 여러 개로 나누어서 제공해 주면 그것을 기반으로 더욱 잘 추론할 수 있다는 것입니다. 다만 사용자의 지식 수준이 부족하거나 원하는 답변의 범주에서 벗어난 경우가 있을 수도 있겠죠. 그래서 역으로 관련있는 질문을 물어보고, 사용자의 최종 목적에 도달할 수 있는지를 검증해 보는 것입니다.

여러분이 가지고 있는 정보나 작업 방법 등을 챗GPT에게 먼저 설명해 준 뒤 답변을 요청해 보세요.

 음식을 만들라는 요청을 받으면 다음 규칙을 따라 레시피를 만들어 주세요.
내가 가지고 있는 재료와 요리 장비에 근거해서 여러 가지 추가 질문을 생성합니다.
이러한 질문에 대한 답을 조합하여 내가 가지고 있는 재료와 도구로 만들 수 있는
레시피를 작성해 주세요.

 좋습니다! 맛있는 요리를 준비할 수 있도록 도와드리겠습니다. 먼저, 몇 가지 질문을 드릴게요.

1. 주요 재료
가지고 있는 주요 재료를 모두 알려주세요 (예: 닭고기, 돼지고기, 소고기, 생선, 두부, 야채 등).

2. 부재료

가지고 있는 부재료를 알려주세요 (예: 양파, 마늘, 고추, 버섯, 치즈, 계란 등).

3. 양념/소스

가지고 있는 양념이나 소스를 알려주세요 (예: 간장, 된장, 고추장, 케첩, 마요네즈, 소금, 후추 등).

4. 도구

사용할 수 있는 요리 도구를 알려주세요 (예: 프라이팬, 오븐, 전자레인지, 믹서기, 찜기 등).

5. 알러지 및 선호도

알러지가 있거나 피하고 싶은 재료가 있나요?

선호하는 요리 스타일이나 맛이 있나요? (예: 매운맛, 단맛, 담백한 맛 등).

이 질문들에 대한 답변을 주시면, 그에 맞춰서 최적의 레시피를 작성해 드리겠습니다!

1. 현재 가지고 있는 재료: 대패 삼겹살, 콩나물, 양파, 파

2. 소스 재료: 고춧가루, 고추장, 다진 마늘, 설탕

3. 현재 냄비만 가지고 있어.

4. 조리 방법은 잘 모르겠어. 추천해 줘.

5. 다이어트를 하고 싶은데 뭘 만들어 먹으면 좋을지 추천해 줘.

알겠습니다! 현재 가지고 계신 재료와 도구를 이용하여 만들 수 있는 다이어트 요리로 '대패 삼겹살 콩나물볶음'을 추천드립니다. 이 요리는 단백질과 식이섬유가 풍부하여 다이어트에 도움이 됩니다.

대패 삼겹살 콩나물볶음 레시피

재료:

- 대패 삼겹살: 200g
- 콩나물: 200g
- 양파: 1개
- 파: 1대

양념:

- 고춧가루: 1큰술
- 고추장: 1큰술
- 다진 마늘: 1큰술
- 설탕: 1작은술

조리 도구:

- 냄비

조리 방법:

1. 재료 손질

양파는 채 썰고, 파는 송송 썰어 준비합니다.

콩나물은 깨끗이 씻어 물기를 빼줍니다.

2. 양념장 만들기

작은 그릇에 고춧가루, 고추장, 다진 마늘, 설탕을 넣고 잘 섞어 양념장을 만듭니다.

3. 대패 삼겹살 볶기

냄비를 중불로 예열한 후, 대패 삼겹살을 넣고 볶습니다. 삼겹살이 어느 정도 익으면 양파와 파를 넣고 함께 볶아줍니다.

4. 콩나물 추가

삼겹살과 야채가 어느 정도 익으면 콩나물을 넣고 볶아줍니다. 콩나물이 익으면 준비한 양념장을 넣고 잘 섞어줍니다.

5. 마무리

모든 재료가 골고루 섞이고 익으면 불을 끄고 완성된 요리를 접시에 담습니다.

6. 서빙

기호에 따라 파를 추가로 올려서 마무리합니다.

이 요리는 간단하게 만들 수 있고, 다이어트에 적합한 저칼로리 요리입니다. 대패 삼겹살의 양을 조절하여 칼로리 섭취를 관리할 수 있습니다. 맛있게 드세요!

또 다른 예시를 보겠습니다.

 여행 계획을 세우라는 요청을 받으면 다음 규칙을 따르세요. 예산, 선호하는 활동, 현재 위치, 이동 시간에 대한 추가 질문을 여러 개 생성하면 됩니다. 이러한 질문에 대한 답을 조합하여 여정을 더 잘 계획하세요.

 알겠습니다. 여행 계획을 세우기 위해 몇 가지 추가 질문을 드리겠습니다. 답변해 주시면 최적의 여정을 계획하는 데 도움이 되겠습니다.

1. 예산 관련 질문
   o 전체 여행 예산은 어느 정도인가요?
   o 여행 비용 중 항공권, 숙박, 식사, 액티비티 각각에 할당할 예산 비율을 알려주시겠어요?
   o 여행 중 쇼핑이나 기념품 구입을 고려하고 계신가요? 그렇다면 얼마나 예산을 잡고 계신가요?

2. 선호하는 활동 관련 질문
 o 여행에서 가장 선호하는 활동은 무엇인가요? (예: 문화 체험, 음식 탐방, 자연 탐험, 스포츠, 휴식 등)
 o 특별히 하고 싶은 액티비티나 방문하고 싶은 명소가 있나요?
 o 실내 활동과 실외 활동 중 어느 쪽을 더 선호하시나요?

3. 현재 위치 관련 질문
 o 현재 위치는 어디인가요?
 o 출발 가능한 공항 또는 기차역이 어디인가요?
 o 비자나 여권 등의 문제로 특정 국가나 지역 방문에 제한이 있나요?

4. 이동 시간 관련 질문
 o 여행 가능 기간은 어떻게 되나요? (몇 박 몇 일)
 o 하루에 이동 가능한 최대 시간은 얼마인가요?
 o 장시간 비행이나 이동이 부담스러우신가요?

이 질문들에 대한 답변을 주시면, 이를 바탕으로 최적의 여행 계획을 세워 드리겠습니다.

 1. 500만 원

2. 스킨스쿠버를 해보고 싶어.

3. 현재 서울에 있어. 바다가 있는 지역으로 해외여행을 하고 싶어.

4. 이동 시간은 비행 5시간 이내 / 여행 기간은 1주일 정도야.

위 조건을 만족하는 여행지를 5군데 추천해 줘. 그리고 그곳에서 어떤 것을 할 수 있는지도 각각 5가지씩 추천해 줘. 이동 시간이 중요하니까, 5시간 미만으로 갈 수 있는 곳을 추천해 줘.

 여행 계획을 위해 예산, 활동 선호도, 위치, 이동 시간 등을 고려하여, 스킨스쿠버를 즐길 수 있는 해외 여행지 5곳을 추천드리겠습니다. 각 여행지에서 할 수 있는 주요 활동들도 함께 제안드립니다.

1. 제주도, 한국
• 이동 시간: 비행기로 약 1시간
• 추천 활동:
 1. 서귀포 지역에서 스쿠버 다이빙
 2. 성산 일출봉 등반
 3. 한라산 국립공원 탐방
 4. 해녀 박물관 방문
 5. 천지연 폭포 관광

2. 오키나와, 일본
- 이동 시간: 비행기로 약 2시간 30분
- 추천 활동:
  1. 케라마 제도에서 스쿠버 다이빙
  2. 츄라우미 수족관 방문
  3. 슈리성 관광
  4. 해변에서 스노클링
  5. 유이레일 타고 시내 관광

(··· 중략 ···)

5. 괌, 미국
- 이동 시간: 비행기로 약 4시간 30분
- 추천 활동:
  1. 블루 홀에서 스쿠버 다이빙
  2. 투몬 비치에서 수영 및 일광욕
  3. 사랑의 절벽 관광
  4. 괌 박물관 방문
  5. 돌고래 크루즈 체험

이 중에서 본인의 선호도에 맞는 여행지를 선택하시면 좋겠습니다. 각 여행지에서 스쿠버 다이빙을 비롯한 다양한 활동을 즐기실 수 있을 것입니다.

재료, 도구 등에 맞춰 추천 음식과 레시피를 만들어 달라고 했더니 챗GPT는 사용자가 제공하는 정보에 맞춰 만들 만한 음식과 레시피를 알려 줬습니다. 그리고 예산, 이동 시간 등에 걸맞은 여행 계획을 세워 달라는 요청에도 사용자에게 해당 정보를 물어본 다음 답변에 맞춰 추천 여행지 및 활동을 제안해 줬습니다.

만약 챗GPT에게 단순히 음식과 여행지를 추천해 달라고만 요청했다면, 챗GPT는 이 결과보다 훨씬 두루뭉술하게 대답해 줬을 거예요. 내가 가진 정보를 바탕으로 추천을 받고 싶을 때 활용하면 유익한 패턴입니다.

08-3

특정 인물을 위한 답변을 해줄래?
— 청중 페르소나 패턴

앞서 챗GPT에게 역할 부여를 해서 프롬프트를 입력해 보았습니다. 여기에다가 답변을 받는 사람의 역할까지 지정하면 어떨까요? 예를 들면 '당신은 이제 물리학 교수입니다. 상대성 이론을 설명해 주세요. 제가 새라고 가정합니다.'와 같은 질문을 하는 것이죠. 이렇게 작성하면 신선한 관점에서 아이디어를 풀어나갈 수 있습니다.

 당신은 이제 물리학 교수입니다. 상대성 이론을 설명해 주세요. 제가 새라고 가정합니다.

 물론, 새에게 상대성 이론을 설명해 줄게요! 아마도 새의 관점에서 가장 중요한 것은 비행과 관련된 시간과 공간의 개념일 거예요. 자, 시작해 볼까요?

상대성 이론의 두 가지 주요 부분
상대성 이론은 크게 두 가지로 나뉘어져 있어요: 특수 상대성 이론과 일반 상대성 이론.

1. 특수 상대성 이론
특수 상대성 이론은 아인슈타인이 1905년에 발표한 이론으로, 빛의 속도가 모든 관찰자에게 일정하다는 것을 기반으로 해요. 여기에 두 가지 중요한 개념이 있어요:

- 시간 지연(Time Dilation): 만약에 네가 아주 빠르게 날아다니는 새라고 생각해 보자. 빛의 속도에 가까워질수록, 네가 보는 시간은 느리게 흐르게 될 거야. 예를 들어, 땅에 있는 친구 새들은 너보다 빨리 나이를 먹을 거야.
- 길이 수축(Length Contraction): 네가 정말 빠르게 날아가면, 네가 보는 방향으로 물체들이 압축되어 보일 거야. 예를 들어, 너의 빠른 속도에 의해 나무들이 짧아 보일 수 있어.

2. 일반 상대성 이론
일반 상대성 이론은 아인슈타인이 1915년에 발표한 이론으로, 중력이 시간과 공간에 미치는 영향을 설명해줘. 여기서 중요한 개념은:
- 중력 렌즈 효과(Gravity Lens Effect): 만약 네가 중력이 강한 곳 근처를 날아가면, 그 중력에 의해 빛이 휘게 돼. 예를 들어, 별빛이 강한 중력장을 통과할 때 꺾여서 네가 보는 별의 위치가 실제 위치와 다를 수 있어.
- 시간의 왜곡(Time Warping): 중력이 강한 곳에서는 시간이 더 천천히 흘러. 예를 들어, 높은 산을 날아다니는 새보다 깊은 계곡에 있는 새가 시간이 더 느리게 흐를 거야.

요약
- 빠르게 날아가면: 네가 빨리 날아가면 시간이 느리게 흐르고, 물체가 압축되어 보여.
- 중력 근처를 날아가면: 강한 중력장 근처를 날아가면 빛이 휘고 시간이 더 천천히 흐르게 돼.

이제 새로서 상대성 이론을 이해할 수 있겠지? 이 개념들은 우리가 세상을 더 깊이 이해할 수 있도록 도와줘!

챗GPT는 '새'라는 청중을 인식하고, 그에 맞게 비유를 더해 답변해 주고 있습니다. 화자와 청중을 구분하는 것을 볼 수 있죠.

한 가지 더 해보겠습니다. 이번에는 아예 제가 셰익스피어라고 생각하고, 브라질의 커피 공급망에 대해서 답해달라고 요청했습니다.

 브라질의 커피 공급망이 어떻게 작동하는지 설명해 주세요. 제가 셰익스피어라고 가정합니다.

 오, 하늘이여! 브라질의 커피 공급망이여, 이 세상에 어찌 그리 장엄하고도 복잡한 기적이 존재할 수 있단 말인가. 내가 셰익스피어라면, 이 이야기를 한 편의 희곡처럼 펼쳐 보이리라.

제1막: 원천의 땅
먼 남쪽 대륙의 푸른 정글과 언덕에서, 커피의 씨앗은 땅에 심기고, 뿌리를 내려 생명을 틔운다. 그리하여, 태양과 비의 은혜를 받아 자라난 커피 나무들은, 열매를 맺고, 그 열매는 커피 체리라 불리우며, 이 땅의 보물로 여겨지나니.

제2막: 수확과 정제
때가 무르익으면, 농부들은 부지런히 그 열매를 수확하나니, 이는 마치 황금빛 낟알을 거두는 수확의 계절과도 같도다. 손으로 정성스럽게 따낸 커피 체리들은 건조와 발효의 과정을 거쳐, 그 안에 담긴 커피 원두를 드러내며, 그 향기로운 보물을 세상에 내놓는다.

(… 중략 …)

제5막: 로스팅과 소비
마침내, 커피 원두는 전 세계의 로스터리와 카페에서 그 모습을 드러내리라. 로스터의 불꽃과 손길을 거쳐, 원두는 그 진정한 맛과 향을 발산하며, 찻잔에 담긴 커피로 태어나니, 이는 마치 신의 축복을 받은 음료가 사람들의 입과 마음을 달래는 순간이도다.

이리하여, 브라질의 커피는 땅에서 컵에 이르기까지 긴 여정을 마치고, 그 고귀한 맛과 향기로 이 세상의 수많은 이들의 삶에 기쁨과 위안을 주니라. 오, 그대여! 이 커피의 여정이야말로 참으로 장엄하고도 경이로운 이야기 아니겠는가.

챗GPT는 셰익스피어라는 역할을 부여받은 사용자에게 마치 자신이 진짜 극 작가인 양 말투까지 바꿔서 대답합니다. 답변을 받는 대상이 누구냐에 따라 맞춤형 대답을 해주는 챗GPT, 정말 재밌지 않나요?

08-4

이번엔 챗GPT 네가 질문해
— 뒤집힌 상호작용 패턴

이번에는 지금까지 해왔던 방식과 반대로 진행해 보겠습니다. 사람은 무언가를 고민할 때 스스로 물어보고 답변하는 경우가 있죠. 이 방식을 챗GPT에도 활용하는 것입니다.

 커피 로스팅 비즈니스를 위한 마케팅 진행 상황을 만드는 데 도움되는 질문을 해주시기 바랍니다. 현재 초안 메시지, 대상, 목표에 대한 정보를 충분히 얻을 때까지 질문해야 합니다. 이제 저에게 첫 번째 질문을 해주세요.

 알겠습니다! 먼저, 커피 로스팅 비즈니스를 위한 마케팅 계획을 보다 효과적으로 도울 수 있도록 다음 질문부터 시작하겠습니다:

비즈니스의 배경: 귀하의 커피 로스팅 비즈니스에 대해 간단히 설명해 주실 수 있나요? 언제 시작했으며, 어떤 특성을 가지고 있나요?

 한국 시장에서 진행할 생각이야. 나는 산미가 있는 커피 콩을 수입하고 있어. 아직 로스팅 비즈니스는 시작 전이야.

 대상 고객: 당신이 생각하는 주요 타겟 고객은 누구인가요? 예를 들어, 젊은 층, 커피 애호가, 직장인 등 특정 고객 그룹이 있나요?

목표: 마케팅을 통해 어떤 주요 목표를 달성하고자 하나요? 예를 들어, 브랜드 인지도 상승, 첫 구매 유도, 고객 충성도 강화 등 어떤 목표를 가지고 있나요?

경쟁 분석: 현재 한국 시장에서 경쟁하는 다른 커피 로스팅 비즈니스에 대해 알고 계신가요? 그들의 강점과 약점은 무엇인가요?

 커피를 즐기는 젊은 층, 2030세대를 대상으로 하고 있어. 첫 구매 유도를 하고 싶고, 재방문 횟수를 늘리고 싶어. 다른 커피 로스팅 비즈니스에 대해서는 잘 몰라

 좋습니다! 목표와 대상 고객에 대해 좀 더 구체적인 정보를 얻었으니, 추가적인 질문을 통해 마케팅 전략을 세우는 데 필요한 세부 사항을 더 알아보겠습니다:

브랜드 아이덴티티: 당신의 커피 로스팅 비즈니스는 어떤 브랜드 아이덴티티를 가지고 있나요? 예를 들어, 고급스러움, 친환경, 혁신적 등 어떤 이미지로 고객들에게 다가가고 싶나요?

마케팅 예산: 현재 마케팅에 할당할 수 있는 예산은 어느 정도인가요? 이를 통해 적절한 마케팅 채널과 전략을 선택할 수 있습니다.

판매 채널: 커피를 판매하려는 주요 채널은 무엇인가요? 예를 들어, 온라인 스토어, 오프라인 매장, 카페 등에 대해 생각하고 계신가요?

기존 자원: 현재 가지고 있는 마케팅 자원이나 도구가 있나요? 예를 들어, 소셜 미디어 계정, 이메일 마케팅 리스트, 웹사이트 등이 있는지 궁금합니다.

이 질문들에 대한 답변이 마케팅 전략을 더욱 구체화하는 데 도움이 될 것입니다.

이번에는 SNS 마케팅 자료를 만들 때 필요한 내용을 정리하기 위해 챗GPT에게 물어보겠습니다.

 SNS 마케팅 자료를 만드는 데 도움되는 질문을 해 주셨으면 합니다. 현재 초안 메시지, 대상 및 목표에 대한 정보를 충분히 얻을 때까지 질문을 계속 해주어야 합니다. 이제 저에게 첫 번째 질문을 해주세요.

 좋습니다. 첫 번째 질문입니다:

현재 준비 중인 SNS 마케팅 캠페인의 초안 메시지는 무엇인가요? 구체적인 내용을 공유해 주시면 감사하겠습니다.

아침 행복을 전하는 식당, 아침마당

 좋습니다. 다음 질문입니다:

아침마당의 주 고객층은 누구인가요? 예를 들어, 연령대, 성별, 직업, 생활 패턴 등을 말씀해 주시면 도움이 됩니다.

 따로 고민하지는 않았는데, 모든 사람들을 대상으로 하면 안될까? 연령 성별 직업 생활 패턴을 알아야 해?

 모든 사람들을 대상으로 할 수는 있지만, 보다 효과적인 마케팅을 위해서는 특정 타겟층을 정하는 것이 좋습니다. 이는 메시지를 더욱 명확하고 효과적으로 전달하는 데 도움이 됩니다. 다음 질문들로 타겟층을 좁히는 데 도움을 드리겠습니다:

1. 현재 주 고객층: 현재 아침마당을 주로 방문하는 고객들의 연령대, 성별, 직업 등을 알고 계신가요?
2. 위치와 접근성: 식당이 위치한 지역과 주변 환경은 어떠한가요? 주로 어떤 사람들이 그 지역을 다니나요?
3. 식당의 특성: 아침마당의 특별한 메뉴나 서비스는 무엇인가요? 예를 들어 건강식, 빠른 서비스, 저렴한 가격 등.
4. 경쟁업체 분석: 같은 지역에 있는 다른 아침 식사 제공 식당들은 어떤 고객층을 타겟으로 하고 있나요?

이 질문들에 대한 답변을 통해 타겟 고객층을 구체화할 수 있을 것입니다.

기존에는 우리가 고민하는 것들에 답변해 달라고 요청했지만, 이번에는 특정 작업마다 뭘 고민해야 하는지 물어보았습니다. 여기에서 살펴본 예시에서 챗GPT는 커피 사업 마케팅을 할 때 고려할 점과 SNS 마케팅 자료를 만들 때 신경 쓸 요소를 구체적으로 알려 주었습니다.

이처럼 업무를 수행할 때 어떤 걸 고민해야 할지 아이디어가 떠오르지 않는다면, 챗GPT에게 대신 물어봐 달라고 하세요. 혼자서는 차마 떠올리지 못했던 것들을 속속들이 짚어 줄지도 몰라요!

08-5

게임을 통해 배운다
— 게임 플레이 패턴

아이들은 소꿉놀이를 하며 새로운 기술을 배우기도 하고, 장난감을 가지고 놀다가 새로운 주제를 배우기도 합니다. 새로운 지식을 얻을 수 있는 게임을 할 수 있다면, 생소한 분야에도 재미있게 접근할 수 있을 거예요. 게이미피케이션(gamification)이라고도 하는 이 기술을 챗GPT에서 활용해 보세요.

 새로운 지식을 발견할 수 있는 해양 모험 게임을 만들어 보세요. 여기서 지식은 해양 지식들 중에서 1가지를 선정합니다. 망망대해에서 게임 플레이어가 어디에 있고 무엇을 할 수 있는지 설명하세요. 내가 방문하는 바다의 각 영역에서 잃어버린 지식에 대한 새로운 상징을 발견해야 합니다. 각 영역에는 해당 지식을 대표하는 캐릭터가 꼭 있어야 합니다. 첫 번째 구역에 대해 이야기한 다음 어떤 행동을 취해야 할지 물어보세요

 해양 모험 게임의 배경 설정과 게임 플레이를 설명하겠습니다. 이 게임의 중심 지식은 "산호초 생태계"입니다. 플레이어는 해양 탐험가로서 망망대해를 항해하며 산호초 생태계에 대한 지식을 수집하고, 각 지역에서 상징을 발견하며, 해당 지식을 대표하는 캐릭터를 만나야 합니다.

배경 설정
플레이어는 최신 기술로 장착된 탐험선을 타고 미지의 바다를 탐험하게 됩니다. 게임은 여러 구역으로 나뉘어 있으며, 각 구역은 산호초 생태계의 다양한 측면을 상징합니다.

첫 번째 구역은 "초록의 해역"으로, 이곳에는 다양한 산호와 그와 공생하는 생물들이 살고 있습니다.

첫 번째 구역: 초록의 해역

위치 및 배경: 초록의 해역은 맑은 푸른 바다와 울창한 산호초로 이루어져 있습니다. 물속을 들여다보면 형형색색의 산호와 함께 다양한 해양 생물들이 보입니다. 이곳은 산호초의 기본 구조와 생태계를 배우는 곳입니다.

대표 캐릭터: 코럴린 코럴린은 산호초를 수호하는 캐릭터입니다. 그녀는 산호초 생태계의 중요성과 이를 보호하는 방법에 대해 깊은 지식을 가지고 있습니다. 플레이어는 그녀와 대화를 통해 산호초의 구조와 생태계에 대해 배울 수 있습니다.

상징: 산호의 조각 플레이어는 초록의 해역을 탐험하며 산호의 조각을 찾아야 합니다. 이 조각은 산호초의 다양성과 생명력을 상징합니다.

플레이어의 행동

1. 탐험 시작: 플레이어는 탐험선을 타고 초록의 해역으로 항해합니다. 해역에 도착하면 스쿠버 다이빙 장비를 착용하고 물속으로 들어갑니다.

2. 코럴린과의 만남: 플레이어는 산호초 사이를 탐험하다가 코럴린을 만나게 됩니다. 코럴린은 산호초 생태계의 중요성에 대해 설명하고, 플레이어에게 산호의 조각을 찾아야 한다는 임무를 줍니다.

3. 산호의 조각 탐색: 플레이어는 초록의 해역을 돌아다니며 산호의 조각을 찾습니다. 이 과정에서 다양한 산호와 그와 공생하는 생물들을 관찰하고, 산호초의 구조와 기능에 대해 배울 수 있습니다.

이제 플레이어는 다음 행동을 선택해야 합니다:

- 산호의 조각을 찾기 위해 해역의 더 깊은 곳으로 탐험을 계속할 것인지
- 코럴린에게 더 많은 질문을 하여 추가적인 정보를 얻을 것인지

어떤 행동을 취하시겠습니까?

 코럴린에게 더 많은 질문을 하여 추가적인 정보를 얻고 싶어

 코럴린에게 더 많은 질문을 하여 추가적인 정보를 얻기로 결정하셨군요.

코럴린은 산호초 생태계에 대해 깊은 지식을 가지고 있으며, 플레이어에게 중요한 정보를 제공합니다. 다음은 코럴린과의 대화 내용입니다.

코럴린과의 대화

플레이어: "코럴린, 산호초 생태계에 대해 더 알고 싶어요. 산호초는 왜 그렇게 중요한가요?"

코럴린: "산호초는 해양 생태계의 중요한 기둥입니다. 산호초는 많은 해양 생물들에게 서식지와 먹이를 제공합니다. 또한 산호초는 해양 생물들의 번식지이자 보호 구역입니다. 산호초가 없으면 많은 해양 생물들이 생존하기 어려워집니다."

플레이어: "산호초는 어떻게 형성되나요?"

코럴린: "산호초는 작은 산호 폴립들이 모여서 형성됩니다. 산호 폴립은 석회질 껍질을 만들며, 시간이 지나면서 이 껍질들이 쌓여 산호초를 이루게 됩니다. 산호초는 수백만 년에 걸쳐 형성되며, 다양한 형태와 색깔을 띠게 됩니다."

(… 중략 …)

코럴린과의 대화를 통해 플레이어는 산호초 생태계의 중요성과 보호 방법, 그리고 산호의 조각을 찾는 데 필요한 힌트를 얻었습니다.

다음 행동 선택

이제 플레이어는 다음 행동 중 하나를 선택할 수 있습니다:

    1. 해역의 더 깊은 곳으로 탐험을 계속하여 산호의 조각을 찾는다.

    2. 다른 해양 생물들과 상호작용하여 더 많은 정보를 얻는다.

어떤 행동을 취하시겠습니까?

 다른 해양 생물들과 상호작용하여 더 많은 정보를 얻는다.

 플레이어는 다른 해양 생물들과 상호작용하여 더 많은 정보를 얻기로 결정했습니다. 이를 통해 산호초 생태계에 대한 추가적인 지식을 습득할 수 있습니다. 다음은 플레이어가 해양 생물들과 상호작용하는 과정입니다.

해양 생물들과의 상호작용

플레이어: 물속을 탐험하며 다양한 해양 생물들과 상호작용할 준비를 합니다. 산호초 주변을 유영하며 해양 생물들을 관찰합니다.

1. 바다거북

바다거북: "안녕하세요, 탐험가님. 저는 이곳에서 오랫동안 살아온 바다거북이에요. 산호초는 저에게 매우 중요한 서식지입니다."

플레이어: "바다거북님, 산호초는 당신에게 어떤 도움을 주나요?"

바다거북: "산호초는 제가 먹이를 찾는 곳이기도 하고, 포식자로부터 숨을 수 있는 장소이기도 해요. 또한 산호초 주변에는 다양한 먹이가 풍부하답니다."

(… 중략 …)

4. 바다나무
바다나무: "안녕하세요. 저는 바다나무라고 불리는 해양 생물이에요. 산호초는 저와 같은 해양 식물들에게도 매우 중요한 역할을 해요."
플레이어: "바다나무님, 산호초가 해양 식물들에게 어떤 역할을 하나요?"
바다나무: "산호초는 해양 식물들이 자라기 좋은 환경을 제공해요. 또한 산호초는 해양 식물들에게 영양분을 공급하고, 그늘을 제공해 강한 햇빛으로부터 보호해준답니다."

얻은 정보 요약
플레이어는 바다거북, 산호 포자, 흰동가리, 바다나무와 상호작용을 통해 산호초 생태계의 중요성과 다양한 생물들에게 제공하는 이점을 배웠습니다. 이 정보는 산호초 생태계를 이해하고 보호하는 데 큰 도움이 됩니다.

다음 행동 선택
이제 플레이어는 다음 행동 중 하나를 선택할 수 있습니다:
1. 해역의 더 깊은 곳으로 탐험을 계속하여 산호의 조각을 찾는다.
2. 코럴린에게 돌아가 지금까지 얻은 정보를 공유하고 추가적인 조언을 구한다.

어떤 행동을 취하시겠습니까?

이렇게 게임 플레이 패턴을 활용하면 원하는 주제에 관한 지식을 재미있게 얻어낼 수 있습니다. 아이가 무언가를 궁금해할 때 이 패턴을 통해 이야기를 전달해 주면 지식을 쉽게 공유할 수 있습니다.

08-6

이런 형태로 답변해 줘
— 템플릿 패턴

챗GPT에게 답변을 받았을 때 간혹 답답할 때가 있습니다. 내가 원하는 형태로 답변을 정리해 주면 좋을 텐데 보통은 서술하듯이 문장으로 줄줄 읊어 내는 것입니다. 이럴 때 템플릿 패턴을 활용하면 좋습니다. 이 템플릿은 일종의 모형 틀이라고 할 수 있는데, 텍스트 형태의 답변을 보기 좋은 모형으로 구현해 줍니다.

 오늘 저를 위해 다이어트를 위한 유산소 운동을 만들어 주세요. 출력을 위한 템플릿을 제공하겠습니다. 제가 나열한 템플릿에 출력물을 맞춰 주세요. 제가 제공하는 서식과 전체 템플릿을 그대로 유지하세요. 이것이 템플릿입니다:

이름:

세트당 반복 횟수:

난이도:

 이름: 점핑 잭 세트당 반복 횟수: 30회 난이도: 쉬움

이름: 버피 세트당 반복 횟수: 15회 난이도: 중간

이름: 마운틴 클라이머 세트당 반복 횟수: 20회 난이도: 중간

이름: 고강도 인터벌 달리기 (HIIT 러닝) 세트당 반복 횟수: 1분 고강도, 1분 저강도 걷기, 10세트 난이도: 어려움

이름: 하이 니즈 세트당 반복 횟수: 30회 난이도: 쉬움

이름: 스케이터 점프 세트당 반복 횟수: 20회 난이도: 중간

이름: 점핑 런지 세트당 반복 횟수: 15회 난이도: 어려움

이름: 사이드 셔플 세트당 반복 횟수: 30초, 5세트 난이도: 쉬움

이름, 세트당 반복 횟수, 난이도를 순서대로 나열해 답변하라는 요청에 곧잘 대답해 줍니다. 하지만 글로만 나열되어 있으니 보기 어렵네요. 데이터를 표로 출력해 달라고 요청해 보겠습니다.

 오늘 저를 위해 다이어트를 위한 유산소 운동을 만들어 주세요. 운동명 / 세트당 반복 횟수 / 난이도 데이터를 표로 출력해 주세요.

 유산소 운동 목록

운동명	세트당 반복 횟수	난이도
마운틴 클라이머	20회	어려움
스케이터 점프	25회	중간
킥복싱	1분	중간
로우 잭	30회	쉬움
스타 점프	20회	어려움
플랭크 잭	25회	중간
자전거 타기	5분	쉬움

다이어트를 위한 유산소 운동 목록을 표로 작성했습니다. 이 운동들을 통해 효과적인 다이어트를 진행할 수 있기를 바랍니다. 추가적인 질문이나 도움이 필요하시면 언제든지 말씀해 주세요!

데이터를 표로 출력해 달라고 요청하니 템플릿에 맞춰 대답한 내용을 표로 정리해 보여 줍니다. 이처럼 템플릿 패턴의 프롬프트를 활용하면 원하는 정보를 깔끔한 형태로 얻을 수 있습니다.

08-7

빠진 과정이 없는지 검토해 줄래?
— 레시피 패턴

특정 작업을 할 때 전 과정을 세세하게 알지 못해 어려움을 겪는다면 레시피 패턴을 활용해 보세요. 이 패턴은 일종의 빠진 퍼즐을 채우는 것과 비슷하다고 볼 수 있는데요. 기본적으로는 "나는 [어떤 목표]를 달성하고 싶다. + 나는 A, B, C 단계를 수행해야 한다는 것을 알고 있다."를 넣으면 됩니다.

 주택을 건설하고 싶습니다. 건축 단계를 수행해야 한다는 것을 알고 있습니다. 저는 토대를 다지고, 기둥을 세우고, 지붕을 얹는다 정도는 대략 알고 있습니다. 전체 단계 순서를 알려 주세요. 누락된 단계가 있으면 입력해 주세요.

 주택 건설은 여러 단계로 이루어지며, 각 단계마다 중요한 작업이 포함됩니다. 아래는 주택 건설의 일반적인 단계입니다:

1. 계획 및 설계
   o 필요 요구 사항 확인
   o 예산 설정
   o 건축 설계사와 상담
   o 설계 도면 작성
   o 인허가 절차 수행

2. 부지 준비
　　o 부지 조사 및 측량
　　o 토지 정리 및 평탄화
　　o 기반 작업 (지하수 배수 시스템 등)

(… 중략 …)

9. 입주 준비
　　o 인테리어 가구 및 장식 설치
　　o 입주 청소 및 준비

이 과정은 지역 및 프로젝트의 특정 요구 사항에 따라 다소 변동이 있을 수 있습니다. 각 단계마다 전문가의 도움을 받아 철저히 계획하고 실행하는 것이 중요합니다.

좀 더 일반적인 상황에서는 어떻게 활용할 수 있을까요? 파스타 레시피에서 빠진 단계가 없는지 챗GPT에게 질문해 보겠습니다.

 알리오 올리오 파스타를 요리하고 싶습니다. 마늘을 사용해야 한다는 사실은 아는데, 어떻게 해야 하는지 모릅니다. 저를 위한 전체 순서를 알려 주세요. 누락된 단계가 있으면 입력해 주세요.

 알리오 올리오 파스타는 간단하면서도 맛있는 이탈리아 요리입니다. 아래에 전체 순서를 단계별로 설명해 드릴게요.

재료
- 스파게티 면 200g
- 마늘 6-8쪽
- 엑스트라 버진 올리브 오일 1/3컵 (약 80ml)
- 붉은 고추 (페퍼론치노) 1-2개 (선택사항)
- 소금
- 후추
- 파슬리 (선택사항)
- 파르메산 치즈 (선택사항)

준비 단계

1. 재료 준비: 마늘은 얇게 슬라이스하고, 붉은 고추는 씨를 제거하고 작게 잘라둡니다. 파슬리는 잘게 다져 둡니다.

요리 순서

1. 면 삶기: 큰 냄비에 물을 충분히 넣고 끓입니다. 물이 끓으면 소금을 충분히 넣고 스파게티 면을 넣습니다. 포장지에 적힌 시간보다 1-2분 적게 삶습니다 (알덴테 상태). 면을 건져내기 전에 면수 1컵을 따로 보관합니다.
2. 마늘과 고추 준비: 면을 삶는 동안 큰 팬에 엑스트라 버진 올리브 오일을 중간 불에서 데웁니다. 오일이 뜨거워지면 마늘과 붉은 고추를 넣고 약한 불에서 천천히 볶아줍니다. 마늘이 노릇노릇해지고 고소한 향이 나면 불을 끕니다.
3. 면과 소스 합치기: 팬에 삶아둔 면을 넣고 약한 불로 다시 가열합니다. 면수 조금씩 넣어가며 면과 소스가 잘 섞이도록 저어줍니다. 면수는 면과 오일이 잘 어우러지도록 도와줍니다.
4. 간 맞추기: 소금과 후추로 간을 맞춥니다.
5. 마무리: 다진 파슬리를 넣어 섞어줍니다. 원한다면 파르메산 치즈를 갈아서 뿌려줍니다.
6. 서빙: 완성된 알리오 올리오 파스타를 접시에 담아 바로 서빙합니다.

이제 맛있는 알리오 올리오 파스타를 즐기시면 됩니다!

주택 건설 순서와 파스타 조리 순서를 대략 알고 있을 때 레시피 패턴을 이용해서 질문하면 챗GPT는 해당 단계를 구체적인 설명과 함께 안내해 줍니다. '아마 순서가 그랬던 것 같은데…' 싶은 게 있다면 챗GPT에게 질문해서 정확한 정보를 얻어 보세요.

08-8

더 좋은 방식이 있다면 알려 줘
— 대체 접근 패턴

사업할 때 컨설턴트가 있듯이 문제를 해결하기 위해 더 나은 방법을 제안해 주는 조언자가 있으면 분명 든든할 것입니다. 그 역할을 챗GPT에게 부탁할 수 있습니다. 문제에 대해 내가 생각한 해결 방법을 알려 주고 더 좋은 대안을 제안해 달라고 말해 보세요.

 내가 제시하는 이메일에 대해서 더 정중한 대체 표현이 있다면, 가장 좋은 대체 표현을 나열해 주세요. 각 표현의 장단점도 비교 및 대조해 주세요.

[안녕하세요, Prompt Creator님! 저는 '라디오 커피 그룹'의 마케팅 담당자 홍길동라고 합니다. 저희 라디오 커피는 다양한 품종의 원두를 수입할 수 있는 루트를 가지고 있습니다. 커피 원두에 대해서 여러가지 고민을 하고 계셨다면, 저희 라디오 커피 그룹으로 연락 주세요. 우리의 이야기가 멋진 커피 한잔으로 만들어지는 기쁨과 재미를 느끼실 수 있을 것입니다.]

 안녕하세요, Prompt Creator님! 저는 '라디오 커피 그룹'의 마케팅 담당자 홍길동입니다. 저희 라디오 커피는 다양한 품종의 원두를 수입할 수 있는 루트를 가지고 있습니다. 커피 원두에 대해서 여러 가지 고민을 하고 계셨다면, 저희 라디오 커피 그룹으로 연락 주세요. 우리의 이야기가 멋진 커피 한잔으로 만들어지는 기쁨과 재미를 느끼실 수 있을 것입니다.

대체 표현 1:

안녕하세요, Prompt Creator님. 저는 '라디오 커피 그룹'의 마케팅 담당자 홍길동입니다. 저희 라디오 커피는 다양한 품종의 원두를 수입할 수 있는 안정적인 루트를 보유하고 있습니다. 커피 원두에 대해 고민하고 계시다면, 저희 라디오 커피 그룹에 연락 주십시오.
함께 우리의 이야기를 멋진 커피 한 잔으로 만들어가는 기쁨을 느끼실 수 있을 것입니다.

장점:
- "안정적인 루트"라는 표현이 더 신뢰감을 줍니다.
- "연락 주십시오"는 보다 정중한 표현입니다.
- 문장 구조가 더 명확하고 정돈되어 있습니다.

단점:
- 다소 형식적일 수 있습니다.
- 자연스러운 대화체보다는 공식적인 문체를 선호하지 않는 사람에게는 딱딱하게 느껴질 수 있습니다.

대체 표현 2:

안녕하세요, Prompt Creator님. 저는 '라디오 커피 그룹'의 마케팅 담당자 홍길동입니다. 저희 라디오 커피는 세계 각지의 다양한 품종의 원두를 직접 수입하고 있습니다. 혹시 커피 원두에 대해 고민하고 계신다면, 언제든지 저희 라디오 커피 그룹에 문의해 주십시오. 함께 우리의 이야기를 멋진 커피 한 잔으로 완성해 나가는 즐거움을 함께 나누고 싶습니다.

(… 중략 …)

이러한 대체 표현들은 원본 이메일의 내용을 유지하면서도 더 정중하고 명확한 문체를 제공합니다. 각 표현은 다소 차이가 있으므로 상황과 대상에 따라 적절한 선택을 할 수 있습니다.

챗GPT는 대체 표현 몇 가지를 장단점과 함께 전달해 주었습니다. 대체 표현마다 장단점이 다르니 원하는 방향의 표현을 활용하면 되겠죠. 만약 이메일에 신뢰감을 높이거나 정중한 태도를 더하고 싶다면 대체 표현 1을 사용하는 것이 좋겠네요!

08-9

이 내용을 더 확장하고 싶어
— 개요 확장 패턴

챗GPT와 같은 대규모 언어 모델에도 한계가 있습니다. 대화 내용을 오래 기억하지 못하기도 하고, 글을 500자 이상으로 써달라고 하든 50,000자 이상으로 써달라고 하든 똑같은 답변을 하기도 합니다. 그래서 챗GPT에서는 작은 단위로 나누어 작업한 뒤 취합하는 방식이 적합합니다. 특정 주제를 중심으로 카테고리를 작게 나누고 확장해 나가는 개요 확장 패턴을 활용해 보세요. 이 패턴은 강의 구성을 짜거나 블로그, 책의 주제를 정리할 때 유용합니다.

 당신은 지금부터 주제에 대한 "개요 확장자" 역할을 수행합니다.
제가 입력한 내용을 바탕으로 글머리 기호 개요를 생성한 다음 어떤 글머리 기호를 확장할지 물어보세요.
각 글머리 글에는 하위 글머리 글이 각각 최대 3~5개씩 달릴 수 있습니다.
글머리 기호는 [가-하].[i-v].[*를 통해 ****] 패턴으로 매겨져야 합니다.
내가 선택한 글머리 기호에 대한 새 아웃라인을 만듭니다.
마지막에는 다음에 추가로 확장할 불릿 포인트가 무엇인지 물어봅니다.
아웃라인을 그릴 내용을 물어봐 주세요.
주제: "인스타그램에서 활용할 수 있는 콘텐츠 아이디어"

 인스타그램에서 활용할 수 있는 콘텐츠 아이디어에 대한 주제 아웃라인을 시작하겠습니다. 다음과 같은 글머리 기호 개요를 제공합니다.

인스타그램에서 활용할 수 있는 콘텐츠 아이디어

가. 브랜드 관련 콘텐츠
　i. 제품 소개 ii. 고객 후기 및 피드백 iii. 브랜드 스토리 및 역사

나. 참여 유도 콘텐츠
　i. 콘테스트 및 경품 이벤트 ii. 퀴즈 및 설문조사 iii. 사용자 생성 콘텐츠

다. 교육 및 정보 제공 콘텐츠
　i. 튜토리얼 및 가이드 ii. 인포그래픽 및 데이터 시각화 iii. FAQ 및 문제 해결 팁

라. 일상 생활 및 비하인드 스토리 콘텐츠
　i. 회사의 일상 모습 ii. 직원 인터뷰 및 프로필 iii. 이벤트 및 행사 비하인드

마. 시각적으로 매력적인 콘텐츠
　i. 고품질 사진 및 비디오 ii. 그래픽 디자인 및 일러스트레이션 iii. 테마별 콘텐츠 시리즈

어떤 글머리 기호를 확장할지 선택해 주세요.

 테마별 콘텐츠 시리즈

 인스타그램에서 활용할 수 있는 콘텐츠 아이디어
마. 시각적으로 매력적인 콘텐츠
iii. 테마별 콘텐츠 시리즈
계절별 테마 시리즈
주제별 주간 시리즈
특정 이벤트 및 기념일 시리즈
색상 또는 스타일 기반 시리즈
스토리텔링 시리즈

챗GPT가 제안해 준 인스타그램에서 활용할 수 있는 콘텐츠 아이디어 중에 '테마별 콘텐츠 시리즈'를 골랐더니 그것에 적합한 개요를 다시금 정리해 줬습니다. 테마별 콘텐츠 시리즈 외에 다른 아이디어를 직접 입력해서 해당 아이디어의 개요를 살펴보세요.

검토할 사실을 정리해 줘
— 꼬리 생성 패턴

챗GPT가 종종 사실 오류나 허위 정보를 만들어 낸다는 사실을 기억할 겁니다. 이 문제는 챗GPT의 출력을 주의 깊게 검토하고 사실 확인을 해야 하는 시간 비용이 들게 만들죠. 확인이 필요하다는 것은 어쩔 수 없지만, 어떤 사실을 검증해야 하는지는 챗GPT가 정리해 줄 수 있지 않을까요?

꼬리 생성 패턴은 이럴 때 사용합니다. 출력된 내용에 대해서 확인해야 할 사실들을 맨 마지막에 함께 출력해 주는 것이죠. 사용자는 맨 마지막에 출력된 사실 목록을 검토하고, 사실 확인을 한 뒤 틀린 부분을 수정하면 됩니다.

 커피를 많이 마시면 건강에 해로운지 설명해줘.
설명이 끝나면 사실 확인을 위해 검토할 리스트를 만들어줘.

 커피 섭취와 건강에 대한 영향

커피는 세계적으로 인기 있는 음료로, 많은 사람들이 하루에 여러 잔씩 마시고 있습니다. 커피의 건강에 대한 영향은 주로 그 안에 포함된 카페인 성분과 기타 항산화 물질, 미네랄 등에 의해 좌우됩니다. 커피가 건강에 미치는 영향은 양면적입니다. 적절한 양의 커피 섭취는 일부 건강상의 이점을 제공할 수 있지만, 과도한 섭취는 여러 가지 부작용을 초래할 수 있습니다.

긍정적인 영향

1. 항산화 효과: 커피에는 많은 항산화 물질이 포함되어 있어 세포 손상을 방지하고 염증을 줄이는 데 도움을 줄 수 있습니다.

2. 인지 기능 향상: 카페인은 중추신경계를 자극하여 일시적으로 집중력과 각성을 향상시킬 수 있습니다.

3. 질병 예방: 연구에 따르면 적당량의 커피 섭취는 제2형 당뇨병, 파킨슨병, 알츠하이머병, 간 질환(특히 간경변과 간암)의 위험을 낮출 수 있습니다.

부정적인 영향

1. 수면 장애: 카페인은 각성 효과가 있어 과도한 섭취 시 불면증이나 수면의 질 저하를 초래할 수 있습니다.

2. 심혈관 질환: 고용량의 카페인은 일시적으로 혈압을 상승시키고, 심장 박동 수를 증가시킬 수 있습니다. 심혈관 질환이 있는 사람들에게는 위험 요소가 될 수 있습니다.

3. 위장 문제: 커피는 위산 분비를 촉진하여 속쓰림, 소화불량 등을 유발할 수 있습니다.

4. 카페인 의존성: 정기적으로 많은 양의 커피를 섭취하면 카페인 의존성이 생길 수 있으며, 갑작스러운 섭취 중단 시 두통, 피로감 등의 금단 증상이 나타날 수 있습니다.

검토 리스트

커피 섭취의 건강 영향에 대해 더 자세히 조사하고 사실을 확인하기 위해 다음 사항들을 검토할 수 있습니다:

1. 카페인 섭취 권장량: 일일 카페인 섭취량에 대한 권장 기준을 확인합니다.

2. 건강 상태에 따른 커피 섭취 영향: 특정 질환(심혈관 질환, 위장 질환 등)이 있는 사람들이 커피를 어떻게 섭취해야 하는지에 대한 정보를 검토합니다.

(… 중략 …)

9. 생활 습관: 커피 섭취가 전체적인 생활 습관과 건강에 어떻게 영향을 미치는지, 예를 들어, 운동, 식습관과의 관계를 검토합니다.

10. 임산부와 어린이: 임산부와 어린이의 커피 섭취가 건강에 미치는 영향을 조사합니다.

이와 같은 검토 리스트를 활용하여 커피 섭취가 건강에 미치는 영향을 종합적으로 분석할 수 있습니다.

챗GPT는 커피 섭취의 긍정적인 영향과 부정적인 영향을 설명해 주는 동시에 10개 항목의 검토 리스트까지 정리해서 대답해 줍니다. 챗GPT가 알려 준 정보를 공식적으로 활용하려면 적어도 이 10개의 항목은 사실 확인이 필요한 것이죠.

이번에는 조금 더 어려운 주제를 살펴볼게요. 브렉시트가 세계 경제에 미치는 영향을 챗GPT에게 물어보았습니다.

 세계 경제에 브렉시트가 주는 영향에 대해서 설명해줘.
설명이 끝난 다음에는 사실 확인을 위해 어떤 것을 검토해야 하는지 리스트를 정리해줘.

 브렉시트(Brexit)는 영국이 유럽연합(EU)을 탈퇴하는 것을 의미합니다. 이 사건은 2016년 국민투표로 결정되었고, 2020년 1월 31일에 공식적으로 완료되었습니다. 브렉시트는 세계 경제에 여러 가지 중요한 영향을 미쳤습니다.

세계 경제에 대한 브렉시트의 주요 영향
1. 무역:
   o 영국과 EU 간의 무역 장벽이 높아졌습니다. 이는 관세, 비관세 장벽, 추가적인 행정 절차를 포함합니다. 결과적으로 무역 비용이 증가하고 무역량이 감소했습니다.
   o EU와 영국 외의 국가들 간의 무역 협정이 재협상 필요하게 되었습니다. 이는 영국과 그 나라들 사이의 무역 조건이 변동할 수 있다는 것을 의미합니다.
2. 투자:
   o 불확실성이 증가하면서 영국에 대한 외국인 직접 투자가 감소했습니다. 많은 다국적 기업들이 EU 시장 접근성을 유지하기 위해 본사를 영국에서 다른 EU 국가로 이전했습니다.
   o 영국 내 기업들도 새로운 무역 장벽과 규제를 대응하기 위해 추가적인 비용을 부담하게 되었습니다.

(… 중략 …)

5. 경제 성장:
   o 영국의 경제 성장은 브렉시트 이후 둔화되었습니다. 무역 장벽과 투자 감소가 주요 요인으로 작용했습니다.
   o EU와의 경제 통합이 약화되면서 영국의 생산성 향상이 저해될 가능성이 높아졌습니다.

사실 확인을 위한 검토 사항

1. 영국과 EU 간 무역 데이터:
    o 브렉시트 전후의 무역량 변화
    o 주요 수출입 품목별 무역 장벽 및 비용 변화
2. 외국인 직접 투자(FDI) 데이터:
    o 영국에 대한 FDI 유입 및 유출 변화
    o 주요 투자 분야 및 국가별 FDI 변화
3. 금융 서비스 부문 데이터:
    o 런던에서 다른 유럽 도시로 이전한 금융 기관 수
    o 금융 서비스 부문의 고용 및 수익 변화
4. 통화 가치 및 환율 데이터:
    o 브렉시트 결정 전후의 파운드화 환율 변동
    o 환율 변동이 수출입 가격에 미친 영향
5. 경제 성장 및 생산성 데이터:
    o 브렉시트 전후의 GDP 성장률 변화
    o 생산성 향상 여부 및 관련 지표 변화
6. 정책 및 규제 변화:
    o 영국 내 무역, 투자, 금융 규제의 주요 변화
    o EU와 영국 간 새로운 협정 및 규제 사항

이러한 사항들을 종합적으로 검토함으로써 브렉시트가 세계 경제에 미친 실제적인
영향을 보다 정확하게 평가할 수 있습니다.

챗GPT가 마지막에 언급한 것처럼, 검토 리스트에 있는 6가지 항목의 사실 확인을 마치면 브렉시트가 세계 경제에 미친 영향을 보다 정확하게 평가할 수 있을 것입니다.

친구들과 가볍게 이야기하는 상황이라면 괜찮지만, 업무 보고서나 사업 계획서 등 공적인 문서를 작성할 때 챗GPT의 환각 현상을 간과하면 큰 문제를 일으킬 수 있습니다. 꼬리 생성 패턴은 챗GPT의 약점인 환각 현상을 해결할 수 있는 방안이 될 것입니다.

08-11

보안이 필요한 내용이야, 검토 부탁해
— 시멘틱 필터 패턴

마지막 패턴은 여러분의 보안을 지켜 주고 시간을 아껴줄 것입니다. 작업을 하다 보면 개인 정보 등 밖으로 유출되면 안 되는 정보를 종종 만나게 됩니다. 특히 민감하거나 불필요한 정보, 오해의 소지가 있는 정보 등은 여러 가지 문제를 야기할 수 있죠. 이러한 문제를 해결하기 위해 많은 사람들이 내용을 직접 검토하지만 이 방법은 시간이 많이 소요되고 비효율적입니다. 이런 경우에도 챗GPT를 이용할 수 있습니다. 챗GPT가 가진 맥락을 읽어내는 능력 덕분이죠.

 다음 메일에서 민감한 개인정보는 전부 숫자 '0'로 수정해줘
이름은 민감한 개인 정보가 아니니 수정하지 않아도 돼

[제목: 회의 일정 조정 및 프로젝트 업데이트 요청
안녕하세요, 정현우 팀장님,
다음 주 예정된 프로젝트 회의 일정에 대해 조정이 필요합니다. 현재 예정된 시간에는 참석이 어렵습니다. 가능하다면 다음 주 수요일 오후 3시로 변경 부탁드립니다.
또한, 최근 프로젝트 관련하여 몇 가지 업데이트가 있어 공유드립니다. 팀원 중 한 명이 아파서 이번 주 내내 출근하지 못할 것 같습니다. 이로 인해 일정에 약간의 지연이 발생할 수 있음을 알려드립니다.
개인적인 부탁으로, 제 신분증 번호(980123-4567890)와 주소(서울특별시 123-45)도 변경 요청드립니다. 회사 시스템에 등록된 정보가 최근 이사한 후 업데이트되지 않았습니다.
감사합니다,
김영희]

> 신분증 번호와 주소를 숨겨야겠네요.

[제목: 회의 일정 조정 및 프로젝트 업데이트 요청

안녕하세요, 정현우 팀장님,
다음 주 예정된 프로젝트 회의 일정에 대해 조정이 필요합니다. 현재 예정된 시간에는 참석이 어렵습니다. 가능하다면 다음 주 수요일 오후 3시로 변경 부탁드립니다.
또한, 최근 프로젝트 관련하여 몇 가지 업데이트가 있어 공유드립니다. 팀원 중 한명이 아파서 이번 주 내내 출근하지 못할 것 같습니다. 이로 인해 일정에 약간의 지연이 발생할 수 있음을 알려드립니다.
개인적인 부탁으로, 제 신분증 번호(000000-0000000)와 주소(서울특별시 000-00)도 변경 요청드립니다. 회사 시스템에 등록된 정보가 최근 이사한 후 업데이트되지 않았습니다.

감사합니다,
김영희]

김영희의 신분증 번호와 주소의 숫자가 모두 0으로 처리되어 출력된 것을 확인할 수 있습니다. 이렇게 챗GPT는 유출되면 안 되는 개인 정보를 자동으로 인식해서 작업을 완수했습니다.

챗GPT가 궁금해요 Q & A

챗GPT라는 생소한 서비스를 통해 인공지능을 만나면서 궁금한 점이 많았죠?
이번 장에서는 챗GPT를 이용하면서 가장 궁금해하는 5가지 주제를 다뤄 보겠
습니다.

챗GPT가 먹통인데 어떻게 해야 하나요?

챗GPT는 오픈AI의 서버로 작동합니다. 그런데 챗GPT는 매일 빠르게 업데이트되기도 하고 전 세계에서 무려 1억 이상의 인구가 사용하다 보니 접속자가 한꺼번에 몰려서 버그가 발생하거나 서버에 문제가 생겨 일시적으로 멈추기도 합니다. 챗GPT가 제대로 작동하지 않을 때는 다음 4단계를 거쳐 확인해 보세요.

1단계: OpenAI Status 확인하기

먼저 오픈AI에서 제공하는 OpenAI Status 서비스(status.openai.com)에 접속해 보세요. 이곳은 오픈AI의 모든 서비스의 작동 상태를 한눈에 볼 수 있는 사이트입니다. 상단에 [All Systems Operational]이라는 문장이 출력되고 있다면, 말 그대로 모든 서비스가 정상 작동 중이라는 뜻입니다.

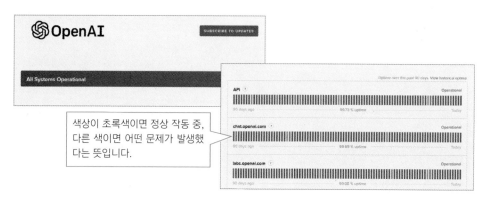

색상이 초록색이면 정상 작동 중, 다른 색이면 어떤 문제가 발생했다는 뜻입니다.

마이크로소프트에서 오픈AI에 투자한 뒤로 서버에 문제가 발생하는 횟수가 줄어들었고, 문제가 발생하더라도 빠르게 해결되고 있습니다. 실제로 2023년 4월부터는 거의 문제가 발생하지 않는 것을 확인할 수 있습니다.

이 상태를 확인해도 챗GPT가 여전히 먹통이라면, 2단계로 넘어가세요.

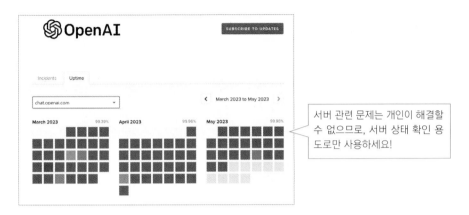

서버 관련 문제는 개인이 해결할 수 없으므로, 서버 상태 확인 용도로만 사용하세요!

2단계: 크롬 확장 프로그램 끄기

서버에 문제가 없다면 크롬 확장 프로그램을 확인해 봐야 합니다. 챗GPT는 보안 관련 업데이트가 잦고 메인 화면을 자주 변경하는데, 오픈AI에서 제작하지 않은 크롬 확장 프로그램은 챗GPT가 업데이트되어 버전이 달라지면서 오류가 생기거나 화면이 제대로 보이지 않을 수 있습니다. 이런 현상이 나타나면 우선 크롬 확장 프로그램을 끄고 다시 챗GPT에 접속해 보세요.

3단계: 크롬의 자동 번역 기능 끄기

크롬 확장 프로그램을 종료했는데도 여전히 챗GPT가 제대로 작동하지 않는다면 크롬의 자동 번역 기능을 꺼보세요. 챗GPT가 기본적으로 영문 서비스이고 영어로 질문했을 때 더 좋은 결과물을 출력하다 보니 한국어가 아니라 크롬의 자동 번역 기능 기능을 사용해 영어로 질문하는 경우가 많은데요. 그런데 이 자동 번역 기능을 켠 상태로 챗GPT에 프롬프트를 입력해서 대답을 요청하면 간혹 오류가 발생합니다. 홈페이지 연결 오류나 대답을 제대로 할 수 없다는 메시지가 뜨기도 하고 영문으로 출력되는 내용이 끊겨서 전달될 수도 있습니다.

이럴 때 크롬의 자동 번역 기능을 끄면 간단히 해결됩니다. 크롬 화면의 오른쪽 상단에 [영어 / 한국어] 번역 기능을 켜고 끌 수 있는 아이콘( )이 있습니다. 이곳에서 [영어]를 선택하면 오류가 해결됩니다.

4단계: 고객 센터에 문의하기

3단계를 모두 진행했는데도 챗GPT가 작동하지 않는다면 챗GPT 고객 센터에 문의해 보세요. ❶ 화면 오른쪽 하단에서 ⑦ 아이콘을 누른 후 ❷ [도움말 및 자주 묻는 질문(FAQ)]을 클릭합니다. ❸ 오른쪽 하단에 있는 챗봇 아이콘을 클릭한 뒤 ❹ [Messages]를 선택하고 ❺ [Ask a question]을 눌러 오류 관련 문의를 하면 됩니다.

그러면 오픈AI의 챗봇이 대답하거나 상황에 따라 직원이 직접 답변할 수도 있습니다. 이때 영어로 질문해야 답변을 정확하고 빠르게 받을 수 있습니다.

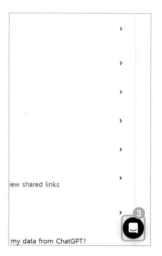

요약 정리! 🖉

챗GPT 멈춤 현상 해결하기

❶ OpenAI Status를 확인해 서버에 문제가 없는지 살펴본다.

❷ 챗GPT와 관련된 크롬 확장 프로그램을 모두 끈다.

❸ 크롬의 구글 번역 기능을 끈다.

❹ 그래도 안 된다면 고객 센터에 문의한다.

Q 02

챗GPT의 저작권은 누가 갖나요?

결론부터 말한다면 여전히 인공지능으로 만든 모든 저작물은 회색 지대에 있습니다. 인공지능만으로 생성된 저작물은 사용할 수는 있으나, 다른 사람이 무단으로 가져간다고 해도 내 것이라고 주장할 수는 없다는 것이죠. 국내의 경우, 2023년 12월 27일 문체부에서 '생성형 AI 저작권 안내서'를 발간하였습니다. 그리고 2024년 4월 영문본을 제작해 전 세계에 배포한다고 밝히기도 했습니다. 아직 시작 단계이기 때문에 이를 기반으로 법원의 다양한 판례가 축적될 시간이 필요할 것으로 보입니다.

- '생성형 AI 저작권 안내서' 내려받기 링크: bit.ly/ai_copyright_guide

인공지능을 이용했더라도 저작권을 인정받은 미국 사례가 있어서 소개합니다. 조금 어려운 내용이지만 챗GPT를 여기저기 사용하고자 한다면 알아 두는 것이 좋을 거예요.

미국 법원의 판례 — 저작권 인정 불가

법제화의 흐름을 가장 잘 볼 수 있는 곳은 역시 인공지능 시장의 선두 주자인 미국입니다. 국내 6대 대형 로펌 중 하나인 화우에서 공유한 자료에 따르면, 미국은 권리 보호(개인 정보, 차별 금지 등), 인공지능 사용 증진, 위험 관리, 국방 등 다양한 분야에서 인공지능의 정책 방향을 제시하고 있습니다. 인공지능 규제의 방향성을 제시하는 동시에 편향(bias)으로 발생할 수 있는 잠재적인 차별 위협 등을 완화하고 공공 영역에서도 도입하는 등 인공지능 진흥 정책까지 진행하고 있습니다.

인공지능 지식재산권의 주된 쟁점은 **인공지능을 활용한 창작물 등에 지식재산권을 인정할 수 있는가와 인공지능 학습을 위해 사용한 데이터가 저작권을 침해하는가**인데요. 미국 연방순회항소법원(The US Court of Appeals for the Federal Circuit, CAFC)에서 2022년 8월 5일 인공지능이 특허 발명자가 될 수 없다고 판단한 이후, 미국은 인공지능의 발명자 적격성을 부정하는 태도를 유지하고 있습니다. 특히 미국 대법원은 2023년 4월 24일 연방순회항소법원 판결을 확정하며 **인공지능은 특허의 발명자가 될 수 없다**고 최종 확인했습니다.

미국 특허청과 저작권청의 판례 — 선택적 인정

한편 미국 특허청은 최근 '발명 과정에 기여한 인공지능을 발명자로 등재할 수 있는가'에 대해 학계와 실무 현장에서 다양한 의견을 수렴하고 있습니다. 미국 저작권청 역시 오직 인공지능만 이용해서 창작한 저작물은 등록을 허용하지 않지만, **최종 완성품에 사람의 창의적 노력이 포함됐다는 것을 증명한다면 저작권을 인정할 수 있다**고 판결했습니다.

미국 특허청과 저작권청의 태도는 우리나라 특허·저작권 법제에 지속적으로 큰 영향을 미쳐 왔습니다. 특히 최근 크게 각광받는 대규모 언어 모델(large language model, LLM)이나 이미지 생성 모델의 데이터세트와 관련해서 국내 IT 기업에서도 미국 사례와 유사한 문제가 발생할 수도 있다 보니 꾸준히 관찰해야 할 것입니다.

대부분의 사람들이 인공지능을 유용한 도구로 활용하고 있지만, 이와 동시에 다른 사람들의 저작물을 무단으로 학습하고 남용하는 일도 많이 발생하고 있습니다. 그 이유는 원 저작자를 증명하기 어렵고 인공지능으로 생성한 콘텐츠에 대한 사회적 합의와 인식이 아직 정립되지 않았기 때문이겠죠. 빅테크 기업들도 이런 사회적인 논점을 인지하고 문제를 해결하기 위해 애쓰고 있습니다. 대표적인 이미지 생성 AI인 '코파일럿 디자이너'는 이미지에 워터마크를 적용해서 인공지능으로 만든 이미지라는 것을 전달하고 있고, 오픈AI는 인공지능 이용 가이드 라인을 각국에 배포하고 있죠.

▶ **자료 출처:** 법무법인 화우(hwawoo.com/kor/insights/newsletter/11450)

현재 법제화 전의 회색 지대에서 우리는 스스로 규칙과 자제력을 동시에 발휘해야 합니다. 이런 상황이 계속 반복되어 저작물 침해가 급증하고 사회에 부작용이 가중된다면 발전보다 규제에 초점을 맞춘 법률이 만들어질 가능성이 높아질 테니 말이죠.

프롬프트도 저작권이 있나요?

우리나라 저작권법에서는 '컴퓨터 프로그램 저작물'을 특정한 결과를 얻기 위하여 컴퓨터 등 정보처리능력을 가진 장치(이하 컴퓨터) 안에서 직접 또는 간접으로 사용되는 일련의 지시·명령으로 표현된 창작물이라고 정의합니다(저작권법 제2조 1항 16호). 이러한 정의에 의해 인공지능에게 결과물을 도출하게 하기 위해 입력하는 프롬프트도 컴퓨터 내에서 직접 또는 간접으로 사용되는 지시 내지 명령에 해당하며, 프롬프트 역시 컴퓨터 프로그램 저작물에 해당한다고 볼 수 있습니다.

컴퓨터 프로그램 저작물도 일반 저작물과 동일하게 **창작자의 창작·노력에 따른 개성이 표현된 것인지 검토**되어야 합니다. 결국 프롬프트 자체의 독창성이 중요하다고 판단되고, 프롬프트의 독창성은 인공지능 프로그램으로부터 안정적이거나 획기적인 결과물을 도출해내는 것과 밀접한 관련성이 있을 테니까요.

AI가 쏘아 올린 권리에 대한 논쟁

챗GPT를 개발한 오픈AI는 어벤저스의 위도우 메이커로 유명한 스칼렛 요한슨의 목소리를 무단으로 사용했다는 논란에 휩싸이기도 했습니다. 요한슨은 오픈AI가 그녀의 목소리를 흉내 내는 AI 음성 비서를 사용했다고 주장했습니다. 이 사건의 중심에는 '퍼블리시티 권리(right of publicity)'가 있습니다. 이는 유명 인사들이 자신의 이름, 이미지, 목소리 등의 상업적 사용을 통제할 수 있는 권리를 말합니다. 요한슨 사례의 경우, 그녀의 목소리를 흉내 낸 것은 퍼블리시티 권리를 침해한 것으로 볼 수 있습니다.

1988년 포드 자동차(Midler v. Ford Motor Co.)가 유행가를 모아 광고 배경음악으로 사용하고자 비슷한 음색의 가수를 찾아 가수 베트 미들러의 목소리를 흉내 낸 사례와 유사합니다. 당시 법원은 캘리포니아의 퍼블리시티 권리법에 따라 포드의 행위를 불법이라고 판결 내렸죠.

이 두 사건은 AI와 지적 재산권 법의 교차점에서 발생하는 문제들을 보여주고 있습니다. AI 기술이 급속도로 발전하면서 AI로 생성한 콘텐츠의 윤리적 사용과 개인의 정체성 보호에 대한 명확한 법적 기준이 필요한 상황이지만, 여전히 정리가 되지 않은 상황이기도 하다는 뜻입니다.

Q 03

챗GPT API가 뭔가요?

챗GPT = 챗GPT API인가?

챗GPT와 챗GPT API를 헷갈려하거나 혼용하는 분들이 많습니다. 오픈AI가 개발해서 판매하는 제품명이 챗GPT이고, 챗GPT는 챗(Chat)과 GPT의 합성어라는 것 기억하죠? GPT는 오픈AI에서 개발한 '기술의 명칭'이고, 챗GPT는 GPT 기술과 채팅을 결합한 '서비스의 명칭'입니다. 즉, 원천 기술과 그 기술을 이용한 제품이라고 생각하면 헷갈리지 않을 것입니다. 이 원천 기술을 제공하는 도구가 오픈AI API이며, 흔히 웹에서 사용하는 챗GPT API는 전부 오픈AI의 API를 뜻하죠.

그렇다면 API란 무엇일까요? 예를 들면 훨씬 쉽게 이해할 수 있을 것입니다. 오른쪽 이미지는 '아숙업 (Askup)'이라는 카카오톡의 챗봇 서비스인데요. 챗GPT처럼 질문에 답변해 주는 것을 볼 수 있습니다. 이렇게 다른 서비스에 챗GPT와 같은 인공지능 서비스를 접목하려면 API를 이용해야 합니다. 즉, API(application programming interface)는 GPT 모델과 카카오톡 서버 간의 통로를 만들어 주는 역할을 한다고 생각하면 됩니다.

아숙업에게 질문하는 화면

사실 API는 비개발자에게는 크게 관심 있는 영역이 아니었습니다. 그러나 챗GPT에 대한 관심과 투자가 점점 많아지면서 GPT API를 이용해 생산성을 높일 수 있는 인공지능 서비스가 급격하게 늘어났습니다. 최근 트렌드는 오픈AI API로 여타 인공지능 서비스를 이용하는 거죠.

챗GPT 플러스를 구독하면 오픈AI API도 무료일까?

앞서 챗GPT와 챗GPT API를 동의어라고 할 수 없다고 설명했듯이, '챗GPT 플러스 구독료'와 '오픈AI API의 사용료' 또한 따로 청구됩니다. 챗봇 서비스 이용료와 기술 사용 로열티의 차이 정도로 비유할 수 있습니다. 가격 청구를 각각 다르게 하는데도 오픈AI API만 필요할 때에도 챗GPT 플러스까지 구독하는 경우가 왕왕 있는 듯합니다. 아무래도 두 용어 자체가 혼동하기 쉽고, 이용 약관도 영어로 되어 있어서 챗GPT 플러스 구독료에 오픈AI API 이용료도 포함되는 것으로 오해하는 것 같습니다.

더구나 오픈AI API는 가격은 저렴하지만 사용할수록 발생하는 종량제 방식 요금제여서 사용량에 따라 챗GPT 플러스의 구독 비용을 넘어가는 경우도 발생할 수 있다는 점을 유념해야 합니다.

토큰 사용량에 따라 결정되는 API의 가격

오픈AI의 API는 토큰을 기반으로 가격을 책정합니다. 다음은 오픈AI에서 명시한 API의 가격입니다.

Chat	ChatGPT models are optimized for dialogue. The performance of gpt-3.5-turbo is on par with Instruct Davinci. Learn more about ChatGPT ↗
Model	**Usage**
gpt-3.5-turbo	$0.002 / 1K tokens

GPT-4	With broad general knowledge and domain expertise, GPT-4 can follow complex instructions in natural language and solve difficult problems with accuracy. Learn more

Model	**Prompt**	**Completion**
8K context	$0.03 / 1K tokens	$0.06 / 1K tokens
32K context	$0.06 / 1K tokens	$0.12 / 1K tokens

'오픈AI' 홈페이지에서 제공하는 API 가격 정보(openai.com/pricing)

GPT-4 API를 사용하면 8K context 기준으로 1천 토큰당 최소 0.03달러(약 40원)가 청구됩니다. 챗GPT 무료 버전에 사용되는 GPT-3.5 API의 경우 1천 토큰당 0.002달러(약 3원)가 들죠. GPT-4의 1/10도 안 되는 가격입니다. 1천 토큰의 길이는 문장 구성에 따라 달라지지만, 한글 기준으로 띄어쓰기를 포함해 450자 정도로 가늠할 수 있습니다.

요약 정리! 🖊

API의 개념과 비용
❶ 인터넷에서 챗GPT API는 **오픈AI API**를 뜻한다.
❷ 챗GPT 플러스를 구독해도 **오픈AI API**의 접근 권한은 주지 않는다.
❸ API는 따로 신청해야 하며, 토큰 사용량에 따라 요금이 별도로 청구된다.

Q 04

챗GPT 외에 어떤 서비스가 더 있나요?

챗GPT와 함께 사용하거나 알아 두면 좋을 만한 인공지능 서비스를 소개합니다.

구글의 인공지능, 제미나이

이렇게 기술 집약적인 시장에서 구글이 빠질 수 없겠죠. 2023년 3월, 구글은 챗GPT와 유사한 챗봇 서비스인 바드(Bard)를 공개했습니다. 그리고 약 1년이 지난 2024년 2월, 바드는 구글의 새로운 인공지능 언어 모델인 제미나이(Gemini)의 이름을 따, 제미나이라는 이름으로 리브랜딩되었습니다.

제미나이

'제미나이' 홈페이지(gemini.google.com)

제미나이 역시 무료 사용자도 최근 정보까지 모두 검색할 수 있다는 중요한 특징이 있습니다. 더구나 간단한 날씨는 구글에서 제공하는 정보를 그대로 출력하기도 하죠.

바드일 때는 날씨를 물어봤을 때 국내에서는 사용하지 않는 화씨(℉)를 알려 주는 문제가 있었지만 제미나이는 사용자의 지역에 맞춰 정상적으로 답변합니다. 제미나이로 업데이트되면서 GPT-3.5와 비슷한 수준이 되었다는 이야기도 심심치 않게 들립니다. 또한 챗GPT가 질문 하나당 답변을 하나씩만 해주는 반면, 제미나이는 대안을 3가지나 제안해 준다는 점이 매력적입니다.

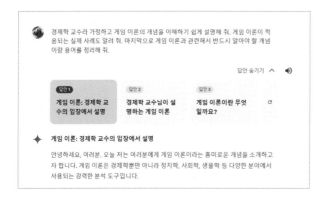

단, 구글 제미나이도 모든 생성형 AI가 가지고 있는 환각 현상이 존재합니다. 환각 현상은 구글이 제미나이를 발표하고 시연하던 장소에서도 발생해서 구글의 시가 총액 128조 원이 증발하는 데 기여했다고 하죠. 하지만 이러한 부족한 부분도 점점 개선되고 있으므로 제미나이의 발전도 지켜봐야 하는 상황이라고 볼 수 있습니다.

마이크로소프트의 인공지능, 코파일럿

마이크로소프트는 챗GPT를 만든 오픈AI에 100억 달러(약 12조 원)를 투자했고, 이후 뉴 빙(New Bing)을 출시했습니다. 그리고 구글의 제미나이와 마찬가지로 리브랜딩을 진행했죠. 바로 **코파일럿**(Copiloit)입니다.

코파일럿

코파일럿은 마이크로소프트의 기존 검색 엔진이던 빙(Bing)에 GPT-4를 적용하여 챗GPT와 동일한 성능을 가지고 있습니다. 그뿐만 아니라 이미지를 만들어 내는 코파일럿 디자이너도 내장되어 있어서 챗GPT처럼 구독료를 내지 않고도 무료로 손쉽게 이미지를 만들어 줍니다. 또한 빙이 원래부터 '검색'에 특화되었던 만큼, 챗GPT보다 검색을 잘하고 최신 정보와 출처까지 출력해 줍니다. 다만 마이크로소프트에서 만든 엣지(Edge) 브라우저에서만 사용할 수 있다는 제약이 있습니다. 윈도우 운영체제를 사용한다면 따로 설치하지 않아도 시작 프로그램에서 확인할 수 있습니다.

코파일럿은 앞으로의 생성형 AI 발전에 있어서 굉장히 중요한 전환점이 될 것입니다. 특히 엑셀, 파워포인트 등 자사 프로그램에까지 AI를 접목하고 있어서 사무 환경에서도 압도적인 성능을 보여줄 것으로 예상됩니다.

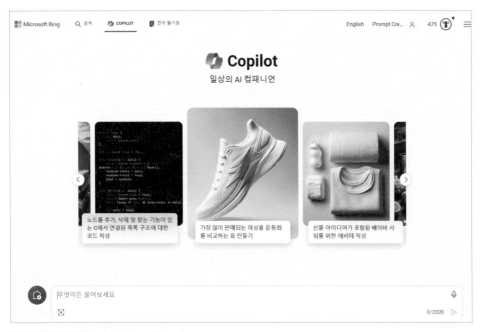

'코파일럿' 홈페이지(copilot.microsoft.com)

문제를 스스로 해결한다! 오토GPT

오토GPT(AutoGPT)란 오픈AI의 GPT-4를 사용하는 파이썬 오픈 소스 코드입니다. 기본 출력은 챗GPT와 비슷하며, 최종 목표를 설정하면 사람이 개입하지 않아도 인공지능 스스로 목표 달성을 위한 작업을 수행합니다.

목표를 입력하면 인공지능이 알아서 목적을 해결하기 위해 프롬프트를 만들고, 목적이 이루어질 때까지 대화를 반복하죠. 챗GPT로 할 수 있는 대부분의 작업을 수행할 수 있고, 프롬프트를 자율로 생성한다는 것이 가장 큰 차이점입니다.

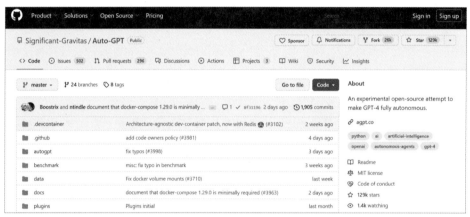

현재 깃허브에 오픈 소스로 제공되는 오토GPT

오토GPT의 등장으로 프롬프트 생성 수준이 완전히 달라졌습니다. '프롬프트를 판매하는 마켓 홈페이지를 만들고 싶어'라고 입력했다고 가정해 볼게요. 챗GPT는 어떤 종류의 내용이 필요하다고 단편적으로 답하는 반면에, 오토GPT는 홈페이지 구성 방법이나 필요한 요소를 정리하고 HTML 코드까지 출력해서 제공합니다. 그래서 한편에서는 오토GPT가 인공 일반 지능(AGI)의 시작점이라고 할 수 있다면서 크게 조명받고 있습니다.

그러나 오토GPT를 사용하려면 복잡한 설치 과정을 거쳐야 한다는 단점이 있는데요. 프로그래밍 기초 지식이 없다면 접근하기 어렵다는 것입니다.

오토GPT를 활용한 '에이전트GPT(AgentGPT)'라는 웹 서비스로 위의 어려움을 해결할 수 있습니다. 이어서 소개하겠습니다.

오토GPT의 웹 버전, 에이전트GPT

에이전트GPT는 오토GPT의 기능을 하는 웹 서비스입니다. 웹 페이지에서
에이전트의 이름과 목표를 적으면 에이전트GPT가 알아서 대화를 진행합
니다. 프롬프트를 적지 않아도 스스로 대화를 이끌어 나가죠. 사람은 원하
는 목적을 잘 입력한 뒤 대답이 원하지 않는 방향으로 진행될 때 목표를 다
시 수정하는 등 방향만 잡아 주면 됩니다. 에이전트GPT가 스스로 질문을 찾아가는
과정은 생산성의 혁신을 불러올 발판이 될 것입니다.

에이전트
GPT

'에이전트GPT' 홈페이지(agentgpt.reworkd.ai/ko)

물론 이렇게 강력한 도구인 에이전트GPT를 무한정 사용할 수는 없습니다. 조금 사용
하다 보면 다음 문구가 뜨면서 화면이 종료될 것입니다.

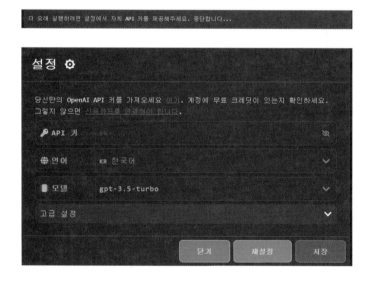

오픈AI API를 사용할 수 있는 키를 발급받으면 에이전트GPT를 제한받지 않고 사용할 수 있습니다. 이때 자신의 API를 사용하려면 비용을 지불해야 하니 무료 데모 버전을 사용해 보고 마음에 들면 나중에 등록하는 것을 추천합니다.

플레이그라운드에서 매개변수를 조절해 보세요!

플레이그라운드(Playground)는 오픈AI API를 이용할 수 있는 권한을 얻으면 사용할 수 있습니다. 챗GPT의 GPT 모델을 사용할 수 있는, 이름 그대로 놀이터인데요. 이곳에 프롬프트를 쓰고 [Run]을 누르면 챗GPT의 방식처럼 답변해 줍니다.

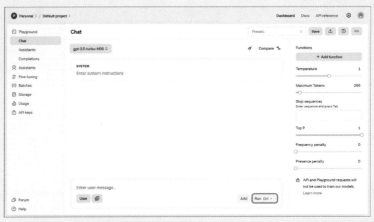

오픈AI '플레이그라운드' 홈페이지(platform.openai.com/playground)

플레이그라운드에는 프롬프트를 입력할 때 추가로 설정할 수 있는 값이 있는데요. [템퍼러처(Temperature)]는 답변의 자율성을, [맥시멈 토큰(Maximum Tokens)]은 글자 최대 길이를 조절할 수 있고, [페널티(Penalty)]는 같은 주제나 문장을 반복해서 사용하면 벌점을 부과할 수 있도록 했습니다.

이렇게 변경할 수 있는 값을 매개변수(parameter)라고 하는데, 좀 더 전문적으로 프롬프트 엔지니어링을 알아보려면 매개변수를 조절해 다양하게 테스트해 보는 것이 좋습니다. API를 사용해 답변을 받기 때문에 챗GPT 플러스 구독과 연관이 없다는 점도 참고하세요!

유튜버에게 도움이 될 AI 도구는 없나요?

영상 인공지능 서비스, 런웨이 ML

영상을 편집할 때는 보통 어도비의 프리미어 프로나 애프터 이펙트, 파이널 컷 프로, 다빈치 리졸브 등 전문 영상 편집 프로그램을 이용하는데요. 영상 편집을 하다 보면 수작업을 해야 하는 상황이 종종 발생하는데 런웨이 ML을 이용하면 이런 불편함을 크게 줄일 수 있습니다. 특히 효과를 넣거나 영상 전체 또는 일부 테마를 바꿀 수도 있고 텍스트-투-비디오(text-to-video), 이미지-투-비디오(image-to-video)와 같은 자유로운 입출력도 지원합니다.

▶ 텍스트-투-비디오는 텍스트를 입력하면 문장을 분석하고 요약해서 자동으로 영상을 만드는 기술이고, 이미지-투-비디오는 이미지를 영상으로 만드는 기술입니다.

기존 영상에서 이미지를 선택해 전체 테마를 바꾸는 방식(서핑 영상을 사이버펑크 테마로 바꾼 예)

런웨이 ML(runwayml.com)

런웨이 ML은 무료 버전으로도 여러 기능을 사용할 수 있으므로 많이 이용한다면 나중에 유료로 결제하는 것을 권장합니다.

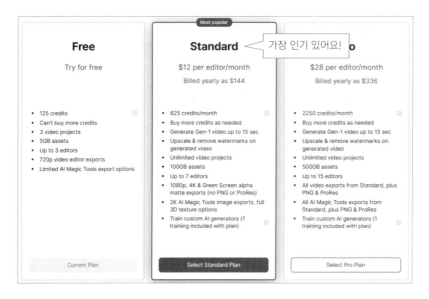

영상 속 물리 법칙과 조명까지 반영하는 소라

챗GPT를 만든 회사인 오픈AI는 2024년 2월 15일 최대 1분의 영상을 제작할 수 있는 AI 모델 소라(Sora)를 공개했습니다. 런웨이 ML과 같이 기존에도 영상을 만드는 AI는 이미 있었습니다. 하지만 소라는 단순 텍스트-투-비디오(text-to-video) 형식이 아닙니다. 런웨이 ML이 학습한 영상을 조합하는 방식을 사용했다면, 소라는 패치 (patch)라는 아주 작은 덩어리들을 만들고 덩어리 각각을 사람이 입력한 프롬프트와 검증한 다음 이어붙이는 형식으로 영상을 만들어 냅니다. 그림이 그려진 조각 하나하나를 이어붙이는 퍼즐과 유사한 방식이라고 볼 수 있습니다. 컴퓨터의 장점인 빠른 반복 작업을 이용해 영상을 만드는 것이죠.

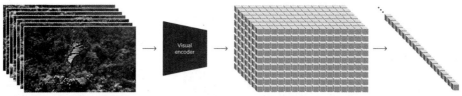

소라의 비디오 생성 기술 개략도(출처: openai.com/research/video-generation-models-as-world-simulators)

이런 비디오 제작 방식은 물리 법칙과 조명 등 현실 세계에서 작용하는 세상의 법칙들을 학습할 수 있다고 하는데, 오픈AI의 개발자들은 이것을 월드 시뮬레이터(world simulators)라고 합니다.

소라로 만든 비디오(출처: openai.com/sora)

아직은 일부 사용자만 사용할 수 있다는 아쉬움이 있지만, 언젠가 대중에게도 공개할 것이라는 소식에 사람들의 기대를 온몸에 받고 있습니다.

음성 파일을 텍스트 자막으로, 위스퍼

영상을 만들 때 생각보다 많은 시간을 할애해야 하는 것이 바로 자막 작업입니다. 촬영한 영상의 소리를 다시 들으며 일일이 자막을 적어야 하기 때문입니다. 그런데 이제는 AI가 이 작업을 대신해 준다고 합니다. 바로 위스퍼(Whisper)입니다. 위스퍼는 말소리가 들어가 있는 음성 파일을 업로드하면 모든 음성을 알아서 텍스트로 만들어 줍니다.

위스퍼를 별도로 설치할 수도 있지만 이 과정이 너무 복잡하게 느껴진다면 무료 영상 편집 도구인 브루(Vrew)를 사용해 보세요. 브루에 이미 '음성 분석' 기능으로 위스퍼가 탑재되어 있답니다.

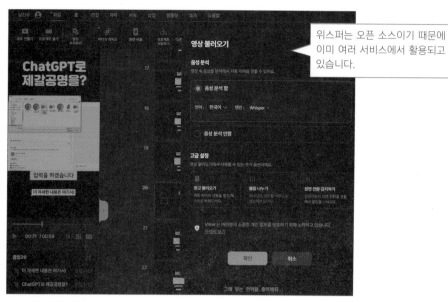

영상 편집 도구 브루(vrew.voyagerx.com)

대본만 있으면 내 목소리를 내주는 KT AI 보이스

위스퍼가 음성을 텍스트로 만들어 주는 반면, KT AI 보이스는 텍스트를 음성으로 만들어 줍니다. 텍스트를 음성으로 만들어 주는 프로그램을 TTS(text to speech) 프로그램이라고 합니다. 텍스트로 말한다는 뜻이죠. 기존의 TTS 프로그램이 목소리의 종류가 하나뿐이라면 KT AI 보이스는 나만의 목소리로 TTS를 만들 수 있습니다.

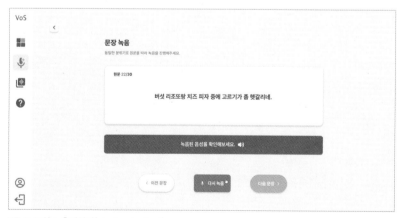

KT AI 보이스 홈페이지(aivoicestudio.ai)

KT AI 보이스는 사용 방법도 간단합니다. 맨 처음 30여 개의 문장을 따라 읽으며 녹음해 등록하면 자신의 목소리로 텍스트를 읽어주는 AI 보이스가 완성됩니다. 이후 어떤 텍스트를 입력하든 자신의 목소리로 음성 파일을 만들 수 있습니다.

섬세한 감정 표현을 하거나 특정 부분을 강조하는 부분은 미흡해 아쉬운 부분도 있지만 다양한 콘텐츠를 개발하고 작업 시간을 줄여야 한다면 활용해 보면 좋을 것입니다. 다만 유료 서비스라는 한계가 있어서 조금 아쉽습니다.

영어를 못해도 한국과 영어 콘텐츠를 동시에 만들 수 있어요!

유튜버로 활동 중인 저는 AI를 적극적으로 활용하고 있습니다. 특히 위스퍼와 KT AI 보이스를 함께 활용하면 영어를 못해도 영어 콘텐츠를 만들 수 있답니다!

1. KT AI 보이스에 한국어 목소리와 영어 목소리를 미리 등록합니다.
2. 한국어로 촬영한 유튜브 영상을 위스퍼 AI로 텍스트를 추출합니다.
3. 추출한 한국어 텍스트를 파파고나 구글 번역기를 이용해 영어 텍스트로 만듭니다.
4. 이 영어 텍스트를 KT AI 보이스에 업로드하면 내 목소리로 된 영어 음성이 만들어집니다.

이렇게 하면 영어를 잘하지 못 해도 자연스러운 영어 발음의 음성 파일을 쉽게 만들 수 있습니다.

챗GPT의 미래

텍스트 기반 챗GPT는 앞으로 어떻게 될까?

챗GPT처럼 콘텐츠를 만드는 서비스를 생성형 인공지능(generative AI, 이하 Gen-AI)이라고 합니다. 원하는 내용을 자연어로 설명하면 글, 그림, 소리 또는 영상 등을 생성해 주는 것이죠. 글 생성에서 챗GPT가 인기 있는 것처럼, 이미지와 영상에서 주목받는 Gen-AI 제품은 다음과 같습니다.

구분	종류
이미지	코파일럿 디자이너(Copilot Designer), 미드저니(Midjourney), 달리(Dall-E), 스테이블 디퓨전(Stable Diffusion)
영상	소라(Sora), 런웨이 ML(Runway ML), 코그비디오(CogVideo), 픽토리 AI(Pictory AI)

이렇게 이미지와 영상을 금방금방 만들어 주는 인공지능이 대두되면서 텍스트 기반의 챗GPT가 반짝하고 저무는 것이 아닌가 걱정되나요? 예전에는 책이 했던 영역을 최근에는 영상이 대신하는 것처럼 텍스트 기반 서비스도 잠깐 지나가는 것이 아닐까 싶죠.

글쎄요, 현존하는 대부분의 Gen-AI 제품은 텍스트-투-비디오, 이미지-투-비디오 서비스를 실행하고 있습니다. 텍스트를 기반으로 그림을 그리고 이미지를 기반으로 영상을 만든다는 뜻이죠. 합성이나 다른 방법으로 생성했어도 그림의 세밀함과 영상의 세부는 텍스트, 즉 자연어로 조정합니다.

사람이 이미지를 글로 묘사할 때 많은 단어가 필요하다는 원리가 인공지능에게도 동일하게 적용됩니다.

이미지 생성 AI인 스테이블 디퓨전에서 이미지를 생성하는 화면

지금 이 순간에도 Gen-AI 서비스는 늘어나고 있으며 시간이 지날수록 더욱 발전할 것입니다. 이미지 생성 AI라는 분류에서도 어떤 것은 만화적인 이미지 생성에 특화된 형태로, 어떤 것은 사진, 또 어떤 것은 인체 비율이나 역동적인 애니메이션에 특화된 이미지를 생성하는 형태로 말이죠. 그럴수록 인공지능은 전달된 언어 안에서 사람의 의도를 얼마나 잘 이해하는지가 중요하므로 자연어를 기반으로 텍스트를 생성하는 챗GPT와 같은 인공지능 서비스는 오히려 위치가 더욱 공고해질 것입니다.

우리는 앞으로 어떻게 해야 할까?

그렇다면 인공지능 서비스가 즐비한 이 시대에 우리는 어떤 자세를 취해야 할까요? 4가지로 정리해 보았습니다.

❶ 본질은 여전히 질문!

챗GPT가 나오기 전에는 궁금한 점을 해결할 때 주로 인터넷에서 검색했습니다. 스마트폰에서도 단어 몇 자만 두드리면 필요한 정보를 찾을 수 있었죠. 인류사에 이렇게 빠르게 정보를 얻을 수 있는 시대가 왔지만, 여전히 한 번에 원하는 것을 찾기란 쉽지 않습니다. 인터넷 검색으로 원하는 답을 찾으려면 단어를 여러 번 바꿔 봐야 하죠.

여의도에서 근무하는 직장인이 오늘 점심 메뉴가 고민되어 구글 검색 창에 '오늘 점심 뭐 먹지?'를 검색했다고 가정해 보겠습니다.

검색 결과로 점심 메뉴 룰렛, 점심 메뉴 관련 빙고 이미지 등이 나옵니다. 물론 재미 삼아 몇 번 검색해서 나온 룰렛이나 빙고 이미지를 이용할 수도 있지만 이런 것도 한두 번이죠. 결국 이 직장인이 원하는 건 당장 점심 먹을 식당을 추천해 주는 것인데요. 그럼 어떻게 검색해야 원하는 결과물을 얻을 수 있을까요? 이번에는 '여의도 점심 맛집'으로 검색해 보겠습니다.

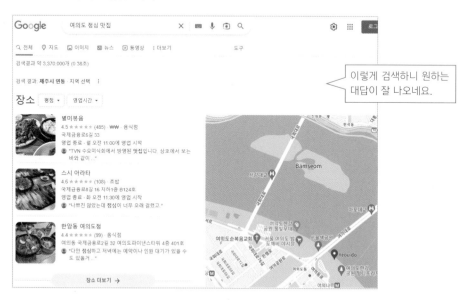

인터넷에서는 올바른 질문이 결국 올바른 답을 찾게 해줍니다. 인공지능도 마찬가지입니다. 결국 올바른 질문을 해야 올바른 답을 얻을 수 있습니다. 점심에 회사 근처에서 무엇을 먹으면 좋을지 대답을 듣고 싶은데, 인공지능에게 '오늘 점심 뭐 먹지?'라고 애매하게 질문한다면 바로 근처에 있는 점심 맛집을 안내해 주지 않는 것처럼요.

우리는 하루에도 수십 가지 궁금한 점을 안고 살아가지만 실제로 해결하기 위해 파고들어 질문하는 경우는 드뭅니다. 하지만 챗GPT처럼 언어의 맥락을 파악해야 하는 제품이 나온 이상, 앞으로는 질문을 잘하는 사람이 아이디어나 성과를 월등하게 낼 수 있는 세상이 올 것입니다.

❷ 오리지널리티를 지키자

두 번째는 오리지널리티(originality, 고유성)를 만드는 것입니다. 즉, 자신만의 독창성 또는 고유성을 가져야 한다는 것이죠. 오리지널리티는 디지털화가 일상이 되고 복제가 쉬워지면서 더욱 중요해졌습니다. 이미 챗GPT로 블로그를 자동화하는 예시는 매우 흔합니다. 인공지능이 사람처럼 그럴싸하게 글을 쓰는 경우가 많아졌고, 프롬프트 엔지니어들이 있기에 더욱 정교해졌으며, 디지털이라는 특성 때문에 콘텐츠가 양산되기 시작했죠.
인공지능의 콘텐츠 생산 속도는 인간의 그것과 초격차를 보입니다. 글만 그럴까요? 이미지나 영상도 마찬가지입니다. 앞선 설명처럼 이미 인공지능이 그림도 그리고 영상도 만들어 내고 있으며, 그 수준이 하루가 다르게 정교해지고 기계의 특성상 지치지 않고 콘텐츠를 제작할 수 있죠.

하지만 늘어나는 콘텐츠 양에 비례해서 유사성에 민감하게 반응하기도 합니다. 민감도와 인공지능에 대한 이해도가 높아질수록 누가 만든 콘텐츠인지를 구분하는 능력도 더욱 필요해지고 있습니다. 지적재산권과 저작권에 대한 인식이 중요해지고 비슷한 콘텐츠가 범람하면서 사람들은 어떤 선택을 해야 하는지 혼란을 겪고 있습니다.
이런 상황에서 폭발적으로 늘어나는 인공지능 콘텐츠는 오히려 사람들에게 피로감을 주기도 합니다. 결국 콘텐츠에 얼마나 오리지널리티가 있느냐에 따라 선호가 달라질 것입니다. 표절에 대한 사람들의 판단은 더욱 날카로워지겠죠. 다시 말해 디지털 혁명 이후에 오리지널리티의 가치가 한 번 더 상승하는 상황이 되었다고 할 수 있겠네요.

따라서 사람은 인공지능이 제작할 수 없는 것에 집중해야 합니다. 감정이나 심리, 생각, 통찰 등 인간만이 할 수 있는 것 말이죠. 앞으로는 오리지널리티 그 자체가 하나의 영역이 될 것이므로 자신의 고유한 특성을 찾고 발전시켜야 인공지능 시대를 살아가면서 성공에 한발 더 가까워질 수 있습니다.

❸ 맨먼스의 확장 — 증강지능의 시대

맨먼스(man month)란 사람이 한 달 동안 일하는 시간을 의미합니다. 우리는 개인의 능력을 향상할 인공지능 기술을 활용하는 시대를 맞이했습니다. 한 사람의 맨먼스는 '현재의 개인+AI'로 변화할 것입니다.

스마트폰의 발전과 비슷한 맥락입니다. 지난 16년 동안 스마트폰은 전 세계인의 일상생활에 깊이 파고들었습니다. 스마트폰이 세상에 처음 등장한 것은 2008년 스티브 잡스가 아이폰을 발표했을 때였습니다. 그 후 스마트폰은 대중에게 빠르게 보급되어 이제는 남녀노소 할 것 없이 대부분 스마트폰으로 기본적인 의사소통부터 업무 처리에 이르기까지 스마트폰을 사용하는 시대가 되었습니다.

그리고 이제는 무수한 인공지능 기술들이 개인의 업무 수행 능력을 향상시켜 주고 있습니다. 01-3절에서 언급한, 알아서 모든 것을 해주는 AGI(범용 인공지능)의 시대에는 아직 도달하지 않았으나, 증강지능의 시대라는 이야기는 조금씩 나오고 있습니다. 인공지능 기술인 챗GPT가 사용자의 요구에 따라 다양한 작업을 수행하고, 개인의 업무 처리 능력을 상승시키는 데 도움을 주고 있죠. 개인이 업무를 맡을 때 인공지능에게 도움받는 것이 이제 일상이 되었습니다.

전통적인 직업의 경계가 모호해지고 새로운 직업이 등장하는 상황입니다. 동시에 이미 일부 직업은 사라지거나 축소되고 있습니다. 이렇게 인공지능의 발전은 또 다른 측면에서 경쟁력 있는 미래를 준비하는 데 중요한 기회가 될 수 있습니다.

즉, 인공지능과 함께 일하는 업무 환경은 생산성과 효율성을 높이는 한편, 창의력과 전문성을 요구하는 일자리를 창출할 것입니다. 그런 변화에 맞춰 우리는 인공지능 기술을 능숙하게 활용하고 이해하는 능력을 길러야 합니다. 인공지능 활용 능력이 여러분의 지능을 보조하고 증강시켜 주는 기술이 되었다는 것이죠.

교육 분야 역시 인공지능을 활용하는 방면으로 발전해야 합니다. 학교와 교육 기관은 인공지능 기술 교육을 강화하고 혁신적인 사고와 융합 능력을 키우는 프로그램을 개발해야 합니다. 앞으로는 인공지능을 함께 사용하는 것이 더욱 당연해질 테니까요.

선도하는 기업들은 이미 인공지능을 적극 도입하고 있습니다. 인공지능을 활용해서 생산성과 효율성을 높이는 업무 프로세스로 탈바꿈하고 있죠. 머지 않아 기업은 인공지능 기술을 탑재한 솔루션과 서비스를 출시할 것이고, 내부 프로세스 개선에도 사용할 것입니다. 당연히 직원의 인공지능 활용 능력을 향상시키는 사내 교육도 빈번해지겠죠.

이와 동시에 인공지능과 관련된 윤리와 책임 문제도 고민해야 합니다. 인공지능 기술이 놀랍게 발전하는 만큼, 잘못 사용했을 때 부작용이 발생할 수 있습니다. 따라서 인공지능의 올바른 활용과 사회 변화에 대한 윤리적 가이드 라인을 마련하고 그것을 반드시 준수해야 합니다. 아직까지도 인공지능과 관련된 내용은 회색 지대이지만, 윤리 문제를 도외시하고 사용한다면 장기적으로 인공지능 산업 자체의 발전을 저해할 수 있기 때문입니다.

이제는 인간과 인공지능이 상호 보완하는 시대가 되었습니다. 현재에 적응하려면 무엇보다도 개인, 교육 기관, 기업, 그리고 정부가 함께 협력하여 인공지능 기술을 올바르게 이해하고 활용할 수 있는 기반을 마련해야 합니다. 앞으로는 창의력과 감성, 그리고 윤리적인 가치를 인공지능이 보조하는 방식으로 조금씩 변화해 나갈 것입니다.

❹ 보안을 생활화하자

챗GPT가 전 세계적으로 유명해지면서 보안 문제가 무척 중요해졌습니다. 어떤 확장 프로그램은 해킹 프로그램을 만들어 배포하기도 하고, 인공지능에 대한 이해도가 부족하여 기업 내부 정보를 챗GPT에게 질문했다가 외부로 유출되는 상황도 발생했습니다. 그 결과 몇몇 기업은 사내에서 챗GPT를 사용하지 못하도록 막기도 했습니다. 챗GPT에게 질문했다가 데이터가 되어 학습된다면, 기업의 핵심 기술이나 매출, 연봉 등 외부에 노출되면 안 되는 중요 정보가 밖으로 흘러나갈 수 있기 때문이죠.

이런 일은 단순히 기업에서만 일어나지 않습니다. 챗GPT의 붐을 이용해 개인 정보를 빼내는 방법이 해외에서 발 빠르게 퍼지고 있습니다. 대표적으로 크롬 확장 프로그램을 이용하면서 발생하는 보안 문제입니다. 크게 2가지로 정리할 수 있습니다.

1. 크롬 확장 프로그램을 이용한 해킹
2. 크롬 확장 프로그램의 개인 정보 보호 관행을 이용한 정보 유출

첫 번째로 크롬 확장 프로그램을 이용한 해킹 문제입니다. 챗GPT를 원활하게 사용하기 위해 프로그램을 따로 설치하는 경우가 많습니다. 이런 행동을 노려서 크롬 확장 프로

그램에 악성 코드를 심어 놓고 정보를 무단으로 가져가는 방법을 쓰는 것인데요. 실제로 2023년 3월 'Quick Access for ChatGPT'라는 앱을 설치한 사용자의 페이스북 계정을 탈취해 가는 일이 발생했습니다. 무려 9,000여 명이 이 프로그램을 설치하면서 피해를 보았죠.

크롬 창만 띄우면 바로 채팅할 수 있어서 편했는데, 해킹에 이용됐어요.

▶ 해킹에 이용된 'Quick Access for ChatGPT'는 챗GPT 웹 화면으로 들어갈 필요 없이 크롬 창만 띄우면 바로 채팅할 수 있도록 편의성을 강조한 프로그램입니다.

최근 페이스북과 같은 SNS 계정으로 여타 사이트나 서비스에 손쉽게 가입할 수 있게 되면서 해킹당할 위험 수준이 높아졌습니다. SNS 계정 하나만 해킹하더라도 당사자가 가입한 모든 서비스에 접근할 수 있기 때문입니다. 크롬 확장 프로그램에 악성 코드를 심은 사람도 그 사실을 이용해 해외 사이트에 로그인할 때 주로 사용하는 페이스북 계정을 해킹한 것이죠.

요즈음 SNS 계정으로 가입하는 사이트나 서비스는 흔히 볼 수 있습니다.

악성 코드가 들어 있는지 확인하려면 확장 프로그램의 코드를 직접 보아야 하는데, 소스 코드를 공유하는 확장 프로그램 개발자도 없을 뿐만 아니라 공개된다고 하더라도 전문가가 아니라면 코드를 확인하는 데 한계가 있습니다. 현재까지 가장 효과적인 방법은 결국 얼마나 많은 사람들이 이용했는지, 크롬 확장 프로그램의 평점은 어떠한지 등을 확인하는 것이죠. 그러므로 꼭 필요한 프로그램이라면 평점과 사용자 수 등을 확인하고 설치하는 것이 좋습니다.

두 번째로 크롬 확장 프로그램의 개인 정보 보호 관행을 이용한 정보 유출 문제입니다. 크롬 확장 프로그램을 설치하는 페이지를 보면 [개인 정보 보호 관행]이라는 탭이 있는데요. 크롬 확장 프로그램 제작자들이 프로그램이 원활하게 동작하도록 어떤 데이터를 수집하고 사용하는지 정리해 놓은 페이지입니다. 이 내용을 넣지 않으면 크롬 확장 프로그램으로 정상 등록할 수 없죠.

크롬 확장 프로그램을 설치하는 페이지에는 [개인 정보 보호 관행] 탭이 있습니다.

[개인 정보 보호 관행] 탭에 명시한 개인 정보는 여러 종류가 있으나, 자주 등장하는 6가지를 소개할게요.

❶ **개인 식별 정보:** 이름이나 주소, 이메일 주소, 연령 등을 수집합니다.
❷ **웹 기록:** 사용자가 방문한 웹 페이지 목록과 방문 시각 등을 수집합니다.
❸ **위치:** GPS와 같이 지역이나 IP 주소를 수집합니다.
❹ **사용자 활동:** 네트워크 모니터링을 통해 어떤 것을 했는지, 마우스 클릭 수나 마우스의 위치, 키 입력 로그 등을 수집합니다.
❺ **개인 커뮤니케이션:** 사용자의 이메일 내용이나 문자, 채팅 메시지 등을 수집합니다.
❻ **금융 및 결제 정보:** 인터넷에서 거래한 내역, 신용카드 번호, 결제 내역 등을 수집합니다.

개인 정보는 어느 정도 퍼진다 해도 문제가 되지 않는 정보부터 조금이라도 유출되면 문제가 될 정보에 이르기까지 다양하죠. 특히 개인 커뮤니케이션, 결제 정보 등은 확실한 목적이 있지 않는 한 경계해야 하는 항목입니다. 이런 개인 정보의 수집은 크롬 확장 프로그램을 설치하는 동시에 사용자가 동의하는 것으로 인정됩니다.

따라서 가장 좋은 방법은 역시 개인 정보를 수집하지 않는 프로그램을 골라서 사용하는 것입니다. 정상적인 프로그램이라면 개인 정보를 수집하지 않아도 [개인 정보 보호 관행] 탭에서 확인할 수 있으니까요. 그러므로 크롬 확장 프로그램을 설치하기 전에 '개인 정보 보호 관행'과 개발자의 '개인 정보 처리 방침'을 반드시 읽어 보세요.

프롬프트 지니는 개인 정보를 수집하지 않는 대표적인 챗GPT 확장 프로그램입니다.

한글

영어

채팅 기록 링크를
모아 두었어요!

bit.ly/easys_chatgpt_3_link

요즘 핫한 **생성형 AI** 활용법!
각 분야 전문가의 노하우를 담았다!

인공지능과 함께
일하는 책!

된다!
생성형 AI 사진 & 이미지 만들기

정확도를 높이는 프롬프트 글쓰기부터 검증 방법까지!
어떤 인공지능에서도 통하는 프롬프트 작성법

김원석, 장한결 지음 | 260쪽 | 18,000원

된다!
미드저니

뉴욕에서 작품을 전시한 AI 아티스트 집필!
광고, 마케팅, 건축, 영화, 애니메이션 등
미드저니와 협업하면 어떤 분야든 OK!

윤석관 지음 | 292쪽 | 26,000원

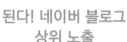